致最卓越的

朋友、同事及解釋者

克萊米（David Klemm）

系統神學叢書

基督教詮釋學

賈思柏 著

紀榮神

系統神學叢書

基督教詮釋學淺析

A Short Introduction to Hermeneutics

作者
賈思柏 David Jasper

翻譯
紀榮神

責任編輯
林諾欣、吳國雄

裝幀設計
奇文雲海．設計顧問

出版／發行
基道出版社
香港沙田火炭坳背灣街26號富騰工業中心1011室
LOGOS PUBLISHERS
Unit 1011, Fo Tan Ind. Centre, 26 Au Pui Wan St., Shatin, Hong Kong
電話：(852) 2687-0331 傳真：(852) 2687-0281
網址：http://www.logos.com.hk

承印
陽光印刷製本廠

10/2008 初版
Cat. No. LP243
ISBN-13: 978-962-457-367-1

Originally published by Westminster John Knox Press
as *A Short Introduction to Hermeneutics* by David Jasper.

Printed in Hong Kong

刷次	10	9	8	7	6	5	4	3	2	1
年份	2017	2016	2015	2014	2013	2012	2011	2010	2009	2008

序言

這本簡要的詮釋學導論是直接匯聚多年講學的教材而成的（主要在格拉斯哥大學〔University of Glasgow〕及最近期的愛荷華州大學〔University of Iowa〕）。過去兩年來，格拉斯哥大學的神學和宗教研究系建立了一個宗教研究的遙距學位課程，確實是好機會整理一下我那堆日漸摺角的講稿，使之變得較容易理解、有條理，並與時並進。這就是本書當前的基礎。

因此，本書的目標是實而不華（套用現代大學「品質保證」的討厭說法）。我相信本書的學術價值有根有基，但絕對稱不上是一般所謂的「原創性」作品。事實上，正正相反，我只是打算幫助讀者好好掌握基本問題和歷史資料，藉以進一步作出思想和研讀。這些內容很大程度上只限於西方基督教的傳統，以及來自對聖經的解釋（interpretation）。

不同時期的學生已貢獻了他們的想法，我為此感謝他們！我在格拉斯哥大學的同事——阿切福（Marije

Althorf）、伯德（Darlene Bird）、哈斯（Andrew Hass，現於斯特靈大學〔University of Stirling〕任教）及妮柯遜（Sarah Nicholson），他們都曾在不同場合裏協助我教授這些材料，我特別感謝他們。妮柯遜博士更是遙距課程的幕後功臣，她鍥而不捨地整理那些講稿，為求使傳統課室以外的讀者也能明白，不致混亂。至於最近的幫助，我不得不感謝克萊米教授（Professor David E. Klemm）和他在愛荷華州大學宗教研究系的同事。二〇〇三年下學期，我獲授予依達哥迪尼亞彬（Ida Cordelia Beam）訪問教授的殊榮，叫我有時間及空間寫作此書，成為現在較詳盡的版本。

十九世紀德國的神學家和學者士來馬赫（Friedrich D. E. Schleiermacher）提醒我們，詮釋學的任務是永不終止的。閱讀和寫作都是一門藝術，又是一種多方面的技巧。本書只是一個起步，但我希望這一步能校正讀者的方向，使他們懷著多一分信心，並銘記那些曾走過這條路及在旅途上曾獲得智慧的前人。

此書將會引用《新修訂標準譯本》（NRSV）的聖經經文〔譯按：如無特別註明，中文版則會引用《新標點和合本》〕。

目錄

導論

麥金（Donald K. McKim）在其《當代詮釋學導讀》（*A Guide to Contemporary Hermeneutics*, 1986）的導論，以一句雖保守但卻是千真萬確的說話開始：「投入詮釋學的領域，實在是一大要務。」本書的讀者將會碰上五花八門的智性學科的問題，偶而學科之間似乎彼此衝突：歷史探究、文學研究、哲學、神學，還有更多。這本小著作只是打算簡介一下那大片詮釋學的地雷陣，但希望是一有用的簡介，至少它會致力為對這課題知道甚少或一無所知的讀者，提供一幅地圖，當隨後的路愈來愈艱鉅時，叫他們能走得輕鬆一點。本書的背景很大程度上只限於西方的基督教傳統及那傳統閱讀聖經的方式，藉以引進關乎文本和閱讀的一般問題，以及我們當代文化處境下會面對的議題。本書只不過是起步，但我相信會為將來打下理想的基礎。書中提出的問題與收錄的資料是同樣重要，不過，必須事先澄清，那些問題並沒有最終或正確的答案。

「詮釋學」（Hermeneutics）不是我們的日常用語，卻是有用的術語，用來形容我們如何理解文本的本質，又如何解釋和運用文本，特別關係到聖經這本帶有獨特和永恆權威的古代文獻集。過去二千年來，在猶太教和基督教的傳統中，我們閱讀和理解聖經的方式總是不斷改變。其實，我們將會看到，詮釋學的問題實際上是始於聖經之內的，而本書部分內容亦會是某種聖經研究。讀聖經的人根本不能否認，就算在聖經正典之內，也會發生解釋（interpretation）的過程，本書就會著眼這過程發生的始末。舉一個例，馬太福音的作者明顯是閱讀和解釋馬可福音，並因應自己的神學旨趣作出改編，而四卷福音書都是基督生平和受難的不同「解釋」。在希伯來聖經（Hebrew Bible，我會用這學名來稱呼廣為人知的「舊約」，「舊約」一詞，暗示本來是猶太人的文集經過了基督教的詮釋）中，各經卷不斷地互相解釋及再解釋（reinterpreting）。

例如，為了配合不同的文化、不同的神學要求，以及甚至不同的倫理要求，歷代志上下基本上重寫了列王紀。我們需要察覺這過程中發生了甚麼事，部分過程也屬於聖經**正典**的發展史，稍後將會再作探討。要理解一本書，不僅是考慮該書如何**寫成**，還要著眼該書怎樣被人**閱讀**和被採納為權威的這段歷史。

本書的目標是渴望幫助讀者明白，在聖經和後來基督教神學的廣闊處境下，詮釋學的反省對宗教思想和理解有多重要，又留意到自基督教會最早期至今的發展中，這主題的歷史和哲學背景。本書會概括介紹基督教詮釋學探究的歷史，又會提供一種理論基礎，幫助讀者漸漸了解其他信仰傳統詮釋學的過程，像是猶太教和伊斯蘭教。那幾方面都只會簡略提及，因為這本書篇幅所限，還有多不勝數詮釋學的可能性，讀者請別期望此書可以鉅細靡遺。不過，我們會看到，例如，當意識到那些詮釋學的過程，我們便最少可以發現基督教和西方對「文本」(text)、「閱讀」(reading) 和「意思」(meaning) 那類術語，理解得實在有限，決不可視之為普遍的或絕對的理解。當代法國詮釋學思想家里克爾 (Paul Ricoeur，或譯「利科」) 在一篇艱澀的文章 (編收於克萊米的兩冊讀本《詮釋學的探究》〔*Hermeneutical Inquiry*〕) 中問道:「文本是甚麼？」里克爾指出，這問題決不如我們所想那般簡單，而我們又將會看到，拉比的傳統在回答這問題時，與本質上衍生自希臘哲學思想和理解方式的傳統，會給予截然不同的答案。

事實上，詮釋學關係到我們感知世界、思想和理解的最根本的方式，那是源自我們稱為**認識論** (epistemology) 的哲學——就是問到：我們到底怎樣認識事物？怎樣思想真理，並證明自己想得合理？

不論在聖經研究，以及大學宗教系和神學院所教授的眾科目中，我盼望讀者看完這書後，應該有能力理解和反省西方的解釋的歷史和理論。我又盼望這書可以幫助研究文學的人士——不論他們是否關心聖經。本書旨在為學生和教師提供參考點，以供他們可以作出進一步思考和研究。藉此，讀者將能從歷史角度清楚掌握聖經的詮釋學，以及在發展過程中，關於理論和哲學問題的入門知識。此外，這知識會與當代的文學、宗教和神學問題息息相關，又密切關涉到聖經在我們文化中的權威。

故此，相比如格蘭特 (Robert M. Grant) 所寫的標準著作《聖經解釋簡史》(*A Short History of the Interpretation of the Bible*)，本書雖比較有限卻是較易於掌握。格蘭特

的著作收錄極多聖經和歷史／神學的學術資料，我則側重跨學科研究，又是根據我的核心關注而寫成，那關注就是文學和宗教的關係，這關乎文本如何運作，閱讀怎樣發生，以及這些問題如何即時影響到宗教和神學問題。因而，閱讀聖經，比起閱讀小說和詩詞，終究相差不遠。

由於本書是研習本，是直接由我課堂的教學材料而編成的，故此每一章最後也會列舉問題，又建議了一些可供討論和反省的題目。當然，那些只是建議，可按情況略過不讀，亦無傷大雅。有些問題和題目是以小組練習的形式寫成，另一些則純粹是文章問題，多年來學生使用後也覺得受益不淺。有時，我也會在內文為讀者舉出詮釋學的實際例子。例如在第二章的結尾部分（本書頁 49 至 50），便收入一段摘引自奧古斯丁（Augustine）《上帝之城》（*City of God*）的引文，那段文字會喚起不少詮釋問題，但會留待讀者自己嘗試處理。換句話說，我盼望這書不僅是叫你**認識**更多有關詮釋學的知識，更是會叫你成為更好的讀者——這目標才是至關重要。

推薦書目

市面上可找到不少有用的詮釋學讀本，它們提供摘引自原典的精華節錄，並加上註釋和評註，可以幫助讀者理解本課程論及的一手資料。（首選推薦標上 ** 的書籍，其次推薦標上 * 的書籍）

**Klemm, David E., ed. *Hermeneutical Inquiry*. Two vols. AAR Studies in Religion 43/44. Vol. 1, *The Interpretation of Texts*; Vol. 2, *The Interpretation of Existence*. Scholars Press, 1986.（在此課題上，這是一本最好的導論著作。）

Mueller-Vollmer, Kurt, ed. *The Hermeneutics Reader*. Blackwell,

1985.（這著作只觸及十八世紀至今的討論，而且它不甚關注宗教的問題，但對於一些重要的問題，它是一本出色的導論著作。）

這主題的最佳導論

**Jeanrond, Werner G. *Theological Hermeneutics: Development and Significance*. Macmillan, 1991.（近年 SCM 重印此書。此書清楚、直接，而且是一本重要的作品。它涉及詮釋學的觀念及歷史發展，並以此作為神學思考的範疇。）

*McKim, Donald K., ed. *A Guide to Contemporary Hermeneutics: Major Trends in Biblical Interpretation*. Reprint Wipf & Stock, 1999.（這是一些重要作者的論文集，非常有用，點出了詮釋學的範圍及複雜性。）

*Thiselton, Anthony C. *New Horizons in Hermeneutics: The Theory and Practice of Transforming Biblical Reading*. HarperCollins, 1992.（一本具分量的著作，資料十分豐富。）

其他有用的資料

Barton, John. *The People of the Book? The Authority of the Bible in Christianity*. SPCK, 1988.

Bleicher, Josef. *Contemporary Hermeneutics: Hermeneutics as Method, Philosophy and Critique*. Routledge and Kegan Paul, 1980.

Bruns, Gerald L. *Hermeneutics Ancient and Modern*. Yale University Press, 1992.（這論文系列會涉及非基督教的詮釋學，例如閱讀《可蘭經》〔Qur'an〕所引起的問題。）

Caputo, John D. *Radical Hermeneutics: Repetition, Deconstruction, and the Hermeneutic Project*. Indiana University Press, 1987.（這本艱澀的書，並不是為怕艱難者而設的，但在關於當代及後現代詮釋學的導論著作中，它卻是其中最好的一本。）

Gabel, John B., Charles B. Wheeler, and Anthony D. York. *The Bible as Literature: An Introduction*. 3d ed. Oxford University Press, 1996.

Grant, Robert M. with David Tracy. *A Short History of the Interpretation of the Bible*. 2d enlarged ed. Fortress Press, 1984.（一本可靠、標準的著作。）

Jasper, David. *The New Testament and the Literary Imagination*. Macmillan, 1987.（一本簡單、直接的新約解釋導論，包含了一些特殊的問題，如敘述的問題、諺語形式的問題、歷史的問題，以及聖經詩篇的本質。）

Jost, Walter and Michael J. Hyde, eds. *Rhetoric and Hermeneutics in Our Time*. Yale University Press, 1997.

Loades, Ann and Michael McLain, eds. *Hermeneutics, the Bible and Literary Criticism*. Macmillan, 1992.

*Lundin, Roger, Anthony C. Thiselton, and Clarence Walhout. *The Responsibility of Hermeneutics*. Eerdmans, 1985.（近年重印出版。關於論述詮釋學的重要性，此書是一本清晰及直接的辯護。）

Morgan, Robert with John Barton. *Biblical Interpretation*. Oxford Bible Series. Oxford University Press, 1988.

Prickett, Stephen and Robert Barnes. *The Bible*. Landmarks of World Literature. Cambridge University Press, 1991.

Ricoeur, Paul. *Figuring the Sacred: Religion, Narrative and Imagination*. Edited by Mark I. Wallace. Fortress Press, 1995.（里克爾的論文選集，為理解他的著作及思想，提供了一個很好的導論。）

Schleiermacher, Friedrich. *Hermeneutics and Criticism, and Other Writings*. Edited by Andrew Bowie. Cambridge University Press, 1998.（這部士來馬赫的選集，附加了一篇非常精彩的鑑別性導論，這篇導論從歷史及哲學背景〔context〕來理解士來馬赫——這位詮釋學歷史上舉足輕重的人物，並提供了一條最佳及最方便的途徑。）

Wadsworth, Michael, ed. *Ways of Reading the Bible*. Harvester Press, 1981.（很可惜，這書已經絕版，本書是一系列極出色的論文集，透過一些特定的文本〔如耶穌的比喻〕，從而討論聖經詮釋學的不同問題。）

第一章

文本和讀者：閱讀和寫作

1. 引言

英文字 hermeneutics（中譯「詮釋學」）源自古典希臘文 *hermeneus*，意思是解釋者（interpreter）或說明者（expounder），即是作講解的人。哲學家柏拉圖（Plato）的著作中曾提到，詩人被譽為「諸神明的解釋者」。我為了忠於這傳統，全書都會用上「詮釋者」（hermeneut）這很罕見的字，而不用「解釋者」（interpreter）。希臘神話中，希耳米（Hermes）擔任眾神明的使者，出名行事迅速，熱愛運動，他的工作是向地上的人傳遞奧林匹克諸神明的信息和祕密。希耳米有一雙有翼的鞋子，能夠接通天界和人間界，又將人類言語無法表明的奧祕，用說話陳明出來。沒有這種使者，這兩界怎可能溝通？怎可能克服神明和人類之間的隔閡？希耳米的工作就是打破這種隔膜，叫人類可以聽明白某些他們看來不可能理解的事。

故此，詮釋學是關乎「解釋或傳譯」（interpretation），或甚至關乎「翻譯」(translation),更特別關係到神聖文本(sacred texts)的解釋,信徒會認為這些文本某程度上是神聖感動寫成的(divinely inspired)或「上帝的話語」(the word of God)。本書大部分的內容會探討幾千年以來人怎樣解釋聖經——那本同時屬於猶太教和基督教傳統的聖書,但偶而也會提及其他宗教典籍,像是伊斯蘭教的《可蘭經》(Qur'an),及印度教的《薄伽梵歌》(Bhagavad Gita)。本書又確實關涉一些更大範圍的問題:我們到底如何閱讀一切事?我們如何理解自己所讀的文本?又如何經常誤解了它們?我們怎麼會連自己也不時無法肯定文本的意思?我們覺得有些文本博大精深,何以對其他讀者卻是平平無奇?同時,閱讀不只是尋求意思,文本還可以從很多方面影響我們。它們可以激怒我們,嚇唬我們,又可以安慰我們。故此,**寫作**(writing)這種行動可以從多方面影響我們,遠超乎僅僅的理解。這情況有時會被稱作「文學就是行動」(literature-as-action)模式,認為文本不只是語言,更是工作及行動,文本可叫我們**理解**意思,也可促使我們**作事**。我希望可以儘快澄清一點——詮釋學永不是靜態的:我們如何閱讀和理解文本的內容,總會隨著時間變化,就如我們對自己的認識亦會不斷改變一樣。事實上,我們運用「閱讀」、「文本」,甚至「讀者」這些詞彙時,它們的意思其實很複雜,斷非不言而喻。故此,我們必須先重新考慮這些看似很簡單的詞彙,以便當我們開始研究西方詮釋學的歷史之時,能更小心謹慎,略帶疑心。我們先要推翻某些自己可能太輕易便會作出的假設,承認自己可能比想像中更不了解那些首要的原則。

2. 信與懷疑、文本與讀者

十九世紀初，英國浪漫詩人科爾雷基（Samuel Taylor Coleridge）主張，我們閱讀文本（他其實特別指到詩歌），必須「願意暫時放下不信，才可生出詩意的信心（poetic faith）」（摘引自《文學傳記》〔*Biographia Literaria*〕）。你要閱讀任何文本，都先要相信面前的文本。換句話說，如果我們閱讀小說，便要相信小說中的英雄是真有其人，就算我們知道這些人物「只是虛構」，相信仍對讀者關係重大。文本成了一個「世界」，我們暫時（「在當下」）置身其中，投入文本的情節和它對我們的說話。我們可以找到不少例子，說明這種文本世界可以如何影響社會大眾。舉一個例，在維多利亞時代的英國，狄更斯（Charles Dickens）寫了第一本小說《錦繡前程》（*Great Expectations*，另譯《孤星血淚》）後，該書的結局惹來廣大公眾的回響，羣眾不滿書中的情侶皮普（Pip）和艾絲泰娜（Estella）最終永遠分開，以致作者不得不編寫另一個結局，叫這對有情人終成眷屬，男主角皮普最後能說：「我知道我與她不會再分開。」廣大讀者再回味這結局，覺得好受得多。就算我們知道這些小說的文本和故事只是「虛構」，只是想像的世界，它們仍可以深深影響人們的生活。從某種意義來說，就算我們**知道**這類小說的文本和敍述不是「真實」（true）的，我們的生命仍是會深受其影響。我們**相信**這些文本和敍述，並且被帶進小說的世界和其中不同人物角色的生命。聖經的情況就更是如此！那些基督徒稱作聖經（Bible，這名稱〔經法文和拉丁文〕衍生自希臘文 *biblia*，那字只解作「書卷」，即儲存在箱子或櫃子的書卷集）的文本集，在西方文化的歷史中一向極有影響力，令人生出莫大的信心和信念，卻又惹起爭端甚至戰爭，因而同時從好壞的方面，深遠改寫了人民和國家的將來。

或者，我們閱讀聖經時，會運用信心的眼睛，篤信聖經每一個字（或大部分的字句），又確信聖經是「靈糧的寶庫，抗衡腐朽過時的傳統……（又是）最純淨的活水泉源，直湧到永生」（這段話引自一六一一年《欽定本》〔Authorized Version〕的序言〈譯者給讀者的話〉〔“The Translators to the Reader”〕），我們把這種回應稱為「信之詮釋學」（hermeneutics of faith）。我們將會看到，信之詮釋學可以呈現很多不同的形式，而整體來說，在基督教歷史最初的一千五百年來，信之詮釋學是閱讀聖經最主要的方法。

另一方面，我們閱讀文本時，可能會讀得很謹慎，甚至表示懷疑，定意用人所定的準則（例如按照理性或歷史證據）試驗每句宣稱和命題。我們會把這種做法稱為「懷疑詮釋學」（hermeneutics of suspicion），而過去三、四百年來，這種詮釋學的特徵幾乎（但非徹底）籠罩了一切有關詮釋學的思想。我們將會在本書中看到，閱讀和解釋的行動幾乎總會存著信和懷疑這兩種態度，有時其中一種多些，有時另一種多些。

總的來說，無可否認，我們確實傾向相信文本寫下的東西，即使像柏拉圖那樣權威的人物在《費德魯斯對話錄》（*The Phaedrus*）中提醒我們，要提防書寫文字（written word）的宣稱，並留心解釋時遇到的困難。始終，我們可以叫說話的人停下來，用不同的方式複述剛才所說的話，或者給我們所聽到的那不熟悉的字下定義，卻決不能盤問一段文本，要求它更清楚闡明自己。文本面對這些要求，只會保持緘默。因此，蘇格拉底（Socrates）警告他的朋友費德魯斯（Phaedrus）：

> 某事物保存在著作時，它便有機會落在兩種人手中流傳，一種是明白那題材，另一種則一無所知；那份著作卻不曉得分辨甚麼人才是適合的讀者。

蘇格拉底又補充：

> 過去或將來，若有任何作者聲稱在文字記錄中可以找到清楚和永恆正確的真理，都應受到譴責。（Plato, *The Phaedrus*, trans. Walter Hamilton）

當然，柏拉圖的文獻本身也應理受到同樣的對待，這豈不諷刺！

可是，書寫文字仍極有權威，我們更是要從文字中尋找**意思**（meaning）。學生收到一本很難讀的書，幾乎都先會問：「這書想要表達甚麼**意思**？」這問題似乎預設，只要我們掌握正確的工具，或擁有一定才智，就可從文本中「發掘出」清楚客觀的意思或內容。然而，只要你停下來想一想，事實上，我們對「意思」的意謂並不完全清楚。

第二，我們不時會把文本作出清楚劃分：有一類文本處理事實，因而稱得上是「字面地」真（“literally” true），另一類則是小說的或「虛構出來」的文本。其實，字面的真實（literal truth）和文學的真實（literary truth）根本極難分辨。「字面」基本上是指「按照字面」，從聖經的解釋來說，即是關係到從文法和**非隱喻**（non-metaphorical）的方式理解聖經的「文字」。不過，「字面」與「真實」的關係極難作出定義，字面又通常會令人強烈聯想到歷史。因而，很多基督徒（特別是十九世紀的基督徒）不贊成閱讀小說或虛構作品，因那些作品「不是真的」（not true），然而聖經作為上帝的道（the Word of God），則可視作真的，又是準確的歷史。不過，我們將會看到，貫穿整個詮釋學歷史，都一直在激烈爭論，究竟從那種意義來說，福音書是「真的」或「歷史」。我們有時會講到「字面的真實」，就彷彿「字面的閱讀」（literal reading，不管這是甚麼意思），與隱喻的空想或其他曖昧難明的術語，可以形成堅決的對照。隱喻（這字源自兩個希臘文字 *meta phero*，意思是「延續」）暗示著意思的轉移。有時候似乎是**講到**某方面，但**其實**是指到另一方面，故此，我們不能**字面地**談論天國；我們只能用象徵手法描述，形容成「好像」某些我們更熟悉的東西。在馬可福音中，耶穌問道：「上帝的國，我們可用甚麼比較呢？可用甚麼比喻表明呢？」（可四 30）**「比喻」（parable）這字與隱喻很相似，都是源自希臘文，意思是「並放在一起」，或與字面的真實平行**。事實上，文本（尤其是聖經經文）可能只有一個**意思**，而讀者掌握到後，那意思便永遠絕對肯定，永不改變，這觀念其實相對地屬於現代的觀念，而且是很奇怪的觀念，早期基督教的解釋者或詮釋者如俄利根（Origen of Alexandria，約 185 ～ 254）、奧古斯丁（354 ～ 430），或甚至阿奎那（Thomas Aquinas，1225 ～ 1274），他們大抵對此都會覺得相當陌生。我們稍後幾章會逐一介紹這些人物。

除了可獲取資訊（詮釋學的任務之一，就是建立出叫我們可分辨真偽資訊的準則）外，閱讀的其中一種意義，是可以刺激我們思想和行動。「運用我們的想像力」，實際上可以是一件很有益和有創意的事情，反而壓抑想像力，特別是壓抑兒童的想像力，會造成負面甚至危險的後果。要求我們運用想像力的文本，可以激發我們作出倫理反省或美學欣賞，儘管也確實有機會**錯**用了想像力。不過，想像力可以恰當帶領我們超越思想系統的限制，甚至超越宗教正統思想的限制。

英國作家戈斯（Edmund Gosse）在《父與子》（*Father and Son*, 1907）一書中，記載了自己於維多利亞時期、在宣教士父母監管下的童年往事。戈斯的父母惟恐想像力有害，而且相信聖經是字面真實，以及「小說」是害人不淺。

> 〔戈斯寫道〕我小時候，從來沒有人向我唸過那句感人的開場白：「很久很久以前！」我聽過宣教士的故事，卻從未聽過關於海盜的；我很熟悉蜂鳥，卻從未聽聞仙子。巨人殺手傑克（Jack the Giant-killer）、侏儒怪（Rumpelstiltskin）、羅賓漢（Robin Hood），我全不認識。雖然我了解狼羣的習性，卻連小紅帽這名稱也毫不知情。就我的「發展取向」來說，**我不禁覺得我父母做錯了，他們把我訓練得排拒想像，只尋求事實**。他們希望我追求真理，卻是我變成信奉實證主義，並且凡事懷疑。（Gosse, *Father and Son*；粗體為筆者所加）

你認為戈斯想要說明甚麼？為甚麼童年時未接觸童話故事，不得運用想像力，會促使一個人變得好懷疑？聖經有沒有一些故事，與戈斯提到的故事差不多？（我已提醒你了，本書不會提供一切答案！）

你看，文本可以向我們提供的，不只是字面的、歷史的或科學的真實。實際上，我們傾向認為以上這些分類是理所當然，其實這些分類只是人類理解的歷史中相對近期才出現的產物。舉一個例，我們將會看到，馬太福音的作者不曾擁有我們現在論到「歷史」這字所具有的觀念，或者於我們求知的系統中所主張的那樣。故此，如果你開始覺得「字面」、「意思」或甚至「文本」等術語變得較難明及不確定，那麼，我們就實際已取得一些進展，因為詮釋學正是要我們比慣常做法更仔細思量這些詞彙的含義，因而不再以絕對性的姿態說自己理解那些字。詮釋學又提醒我們，不要太簡單直接以為文本就等同作者心中所想的及其意圖，猶如理解保羅的書信，就等於進入這位使徒自己的思想和目的一樣。很多時候，人們談及「保羅」，實際上卻是講到「羅馬書」的經文。如果讀者小心閱讀保羅的書信，便應該避免過於簡單地把保羅和他的寫作劃上等號，我們有時會把如此混為一談稱為**意圖謬誤**（intentional fallacy）——這是說，誤信保羅書信中的文字可以徹底及毫無保留地反映他寫作的意圖。有一句耳熟能詳的話暫且可以簡單道出何以這是一個謬誤：「我總是言不及義，又總是意在言外。」（“I never quite say what I mean, and I never quite mean what I say.”）當你寫文章或論文時，是否總是能夠找到恰到好處的詞彙，可以囊括（你認為）你心中的想法？我們豈不是經常千辛萬苦才能表達自己的思想，卻總是仍不滿意，覺得寫得美中不足？或者，有人讀了你的文章，衝口而出，說：「你知道自己想說甚麼，以及其含義嗎？」你只好謙恭回答：「我不知道，我不是想說這個意思，我下次會努力表達得更好。」情況豈不是這樣嗎？保羅偉大的書信亦不會乾脆完全道出保羅自己有意識的目的。我們可以說，文本擁有自己的生命，又正如柏拉圖提醒我們，文本總是有可能被人曲解，因為沒有人是完美的讀者，也沒有人是完全受控制的作者。

你會在卡羅（Lewis Carroll）的《愛麗詩夢遊仙境》（*Alice in Wonderland*）中，找到一個很出色的語言遊戲，就是正當愛麗詩在帽子先生（Mad Hatter）的茶會中感到困惑：

> 兔子先生（March Hare）再說：「你應說出你所想的。」愛麗詩急忙回答：「我有這樣做，最少——我所說的就是我想的——你知道，這也是一樣吧。」瘋狂帽子先生說：「絕不相同！你會否說『我看我所吃的』等於『我吃我所看的』！」

詮釋學承認人心中的意圖和說出來的意思之間存有差異，或更糟的是，文字的含混性和人類的理解之間存有差異。不同的人閱讀同一份文本，可能會得出很不同的理解——有人會被啟示錄的「真」理所說服，有人則會覺得那是沉悶的胡說八道。我們必須了解，雙方也不必然是對是錯，但必須建立一些判斷的規則。我們又需要記住，我們理解文本，不單是取決於所有人共同根據的普遍原則，還要視乎其他方面，像年齡、性別、文化假設等。另外，作為讀者的我們亦會改變——我現在五十歲，對事情的理解，跟我二十歲的時候並不一樣。這些重點都明顯不過，卻是需要牢記在心。在詮釋學裏，我們必須作出獨立思考，但與此同時，我們不能只訂定我們所同意的規則，而罔顧他人、傳統，或語言約定俗成的要求和文法規則。我們不可以滿足於好像卡羅筆下的胖蛋先生（Humpty Dumpty）那樣，不合邏輯地向愛麗詩說：「那裏你可找到榮耀！」

> 愛麗詩說：「我不明白你說『榮耀』是甚麼意思。」
> 胖蛋先生冷笑道：「你當然不明白——我還沒有告訴你。我是指『那裏你可找到無可反駁的論據』！」
> 「可是，『榮耀』的意思不是『無可反駁的論據』。」愛麗詩不同意地說。
> 胖蛋先生帶點輕蔑地說：「**當我用一個字，那字的意思就是我選擇的意思——不多不少。**」（粗體為筆者所加）
> 「問題是，」愛麗詩說：「你是否**能**將那些字指到這麼多不同的意思。」
> 「問題是，」胖蛋先生說：「誰才是主人—不過如此。」
> （Lewis Carroll, *Through the Looking Glass*；粗體為筆者所加）

當然，我們不能好像胖蛋先生，乾脆自己選擇文字要表達的意思。我們最終不是文字的主人，不可任意選擇文字的意思，否則便會徹底破壞一切有意義溝通的共識，而面對所有書面或口頭的語言時，我們便會像愛麗詩那樣回答：「我不明白你是甚麼意思。」結束故事。我們到達胖蛋先生那所謂「深不可測」（impenetrability）的境界——那時便完全放棄對話。不過，文字並非至終深不可測。當我大叫「救命」時，肯定希望你會明白我的意思。當路標上寫著「停」，我們會曉得怎樣做——又知道若**不**那樣做，很可能會帶來甚麼後果！我們透過一般共識，我們**確實**可以彼此理解，以致能說：「我能（這是說，我有能力）閱讀馬可福音」，儘管或者只是能閱讀原文希臘文的一種譯本（**翻譯**是另一個詮釋學會探討的課題）。我們能夠閱讀文字，大抵會明白發生甚麼事。我們閱讀的時候，難免會反映出我們的差異和偏見，然而，雖然我們中間有些人不必然會相信馬可福音的第一節是真的，但仍不會阻礙我們把這福音書**當作真的**來讀，從中獲取很多東西。最重要的是，我們需要意識到，就算我們能夠讀那些**文字**（或是借助字典），仍是不太了解**作為**一世紀在羅馬帝國裏的基督徒是怎麼一回事。馬可福音是一份其起源與我們文化上相距甚遠的文本，我們作為讀者，必須小心別隨意把自己現代的前設和偏見強加在文本上。這種文化上的差距稱為「兩種視域」（the two horizons，這字由現代詮釋者迦達默〔Hans-Georg Gadamer，另譯「伽達默爾」或「高達美」〕所創，我們之後會再論到他）：這是說，源自幾乎二千年前的文本抱有一種「視域」，而處身現代世界嘗試明白那文本的當代讀者，又抱有另一種「視域」。

我們各人都不一樣。如果你把一份文本交給三十人，便會大約得出三十種不同的「閱讀」（readings），或者，沒有一種閱讀會是完全錯誤或完全正確。固然，各人的閱讀會呈現很多重疊，而像教會那種強大的建制設法想要統一我們的閱讀時（為求正統或規則），我們便需要被說服而變得思想一致。不過，事實上仍是，那稱為對文本的「讀者回應」(reader-response),是形形色色的,而通常是互相矛盾,特別是見於像聖經這類具權威性、往往是父權主導的文本。兩個人閱讀到一樣的文字,可能其中一人會笑,另一個人卻會哭,二人卻無法彼此理解。因著這些差異,我們更是需要致力於詮釋學這門學科,它嘗試從云云主張中維持合法性、規則和紀律。詮釋學又教導我們,曉得運用創意與自己不同的人一同生活。

3. 閱讀和寫作

我們大多數人小時候最先學習的事,就是閱讀和寫作的藝術。我們是識字的人,往往會覺得懂得這些技巧是理所當然,但是不應忘記,人類歷史上相對只有極少數人有權利可以擁有讀寫能力。可是,我們需要停下來並反思,那些詞彙不僅指涉那很複雜的活動,而且人們對這些詞彙以及文本的本質的理解,都不是固定和靜止的,卻是從有史以來都不斷改變,並仍會繼續改變。「文本是甚麼?」這問題存在很多不同的答案。

我們怎樣理解文本,也深深受到科技的影響——書籍從卷軸發展成翻頁書(或線裝書),都影響到人們如何寫作和閱讀。文字透過不同媒介向我們展現,又大大改寫了我們理解文字的方式。印刷術的發明深深影響馬丁·路德(Martin Luther)的聖經詮釋學,我們稍後才會討論箇中原因,而電腦和互聯網對閱讀和寫作的影響幾乎仍是無法估計。(**不過,人們通常會說,自己寫作的方式,從用筆和紙張書寫,變成用鍵盤輸入。事實上,我們有些人今天根本極少會「寫字」,而是用手指觸鍵,再看螢幕上的效果。**)實際上,從手寫文字到印刷文字這轉變,當我們談到馬丁·路德的工作時會再詳細討論。這轉變完全改寫了人類如何觀察和理解世界的方式，溝通不再需要依賴反覆無常的個別抄本（難免會「抄錯」），轉為可保證一式一樣，還可以在大規模生產的模式中不斷複印的印刷本。麥克盧漢（Marshall McLuhan）向我們說明這轉變所帶來的驚人結果：

> 印刷的一致性和可重複性，使文藝復興時期瀰漫著一種觀念，就是視時間及空間為連續不斷可測量的函數。這種想法立時使大自然和權力世界非神聖化。這種新科技透過分割和片段化，控制物理過程，把上帝和大自然、人和大自然，或人與人，都一一分隔。（McLuhan, *Understanding Media: The Extensions of Man*）

我們遲一點會看到，十九世紀和二十世紀的詮釋學如何全神貫注，在解釋文本時重尋一種**整全性**（wholeness）的意識，並克服我們思想被瓦解為不同的、分離的學科。

從希臘的傳統和像亞里士多德（Aristotle）的《詩學》（*Poetics*，約主前 350 年）等作品中，我們學會假設文本「帶有意思」，而且典型地擁有清楚的開頭、中段和結尾，首尾呼應，帶出結論，然後再沒有甚麼事情發生。「從此以後，他們便幸福快樂地生活」表示這是故事的結尾，再沒有甚麼值得再說。關於這論點的簡明敍述，你可參考亞里士多德《詩學》的第七章和第八章（可從企鵝經典叢書〔Penguin Classic〕中輕易找到）。基督教的傳統受到希臘思想極大影響，又根據這種背景解釋聖經，認為聖經是一本一致完整的「書」，帶有清楚的開頭、中段和結尾。學者艾布拉姆斯（M. H. Abrams）在對十八和十九世紀浪漫時期文學的經典研究中，認為從最早期開始，基督教閱讀聖經的方式，可以歸納為下列三類：

1. 「聖經歷史是有限的歷史，在單一封閉的時間範圍內，呈現（represents）那些只發生一次的事件。」聖經本質上是歷史文獻，聖經由首至末描述的事件，大部分也曾真實發生在像你與我等有血有肉的人身上。因而，最少過去兩百年來，聖經學者很大程度上都採取「歷史鑑別學」（historical criticism）的研究方法。
2. 「聖經歷史的編排明確地構成輪廓分明的情節，帶有開頭、中段和結尾，非常強調關鍵事件的發生次序。」換句話說，聖經具有與大部分故事或小說相似的結構。
3. 「有一位隱藏的作者著手構思歷史的情節，並指導和保證那些事件的發生。」我們提到小說作者，可能馬上會想到奧斯汀（Jane Austen）、狄更斯和馬克吐溫（Mark Twain）等人。可是，與之不同的是，從某種意義上，聖經一向被視為由上帝「寫成」，故此，我們在教會讀經時，最後通常會加上這句：「這是上主的話。」（參 Abrams, *Natural Supernaturalism*）

現在，我們需要澄清，上述論到聖經的聲明不都是**必然**正確，而是從某種角度閱讀和理解文本如何運作而產生的結果。簡而言之，上述的聲明是來自某種特定的詮釋學策略的結果，既是**產生自**（result of）一種神學觀點，又會在某種循環或**辯證**運動（circular or dialectical movement）中**導致**（result in）一種神學觀點。某種信念主導我們如何閱讀聖經，而那閱讀聖經的方式又會肯定那種信念是真的，或最少是合理的。（這就是**詮釋循環**〔hermeneutic circle〕的例子，後面會再稍為詳細解釋這話的意思。此外，我們必須明白，除了這種主要的歷史模式，還有其他很多「閱讀的方式」和理解聖經經文「寫作」性質的方式。）。

下一章中，我們會把這種閱讀方式，與另一種頗不同的、較古老的、屬於猶太教和基督教的聖經閱讀和文本理解的傳統，作出很簡單的比較。不過，這樣做之前，透過比較，我們需要先承認，伊斯蘭教的《可蘭經》和印度教的《薄伽梵歌》亦有截然不同的詮釋學。雖然此處我們不會作出進一步探討，但也不妨略略認識其他神聖的典籍。

與聖經不一樣（從一開始，聖經就已經是翻譯本——單是英文，便已有超過三百五十種譯本），《可蘭經》是徹底不可被翻譯。布倫斯（Gerald Bruns）在其《古今詮釋學》（*Hermeneutics Ancient and Modern*）一書中，精簡地道出這情況：

> 若說《可蘭經》（Qur'an）是文本，並不足夠。反之，《可蘭經》只是文本的背誦（*qur'an*），那文本只有真神才看過，稱為 *umm al-kitab*，直譯是「書之母」……《可蘭經》作為文本，只存在於引號之內。《可蘭經》不可視作是固定的文本，就算經文……是固定和極其一致。這種基本的口述性會帶來很多複雜的詮釋學結果。例如，與其說《可蘭經》是嚴禁翻譯，不如說這是從物質上，或是存有論上不可能做到……
>
> ……《可蘭經》作為背誦，它本身包圍了我們，又

> 充滿我們身處的空間，此外還接管了那空間和我們本身。閱讀作為挪用和內化文本的整個過程被顛倒了，這裏沒有抓準文本、展開文本，和使文本赤露敞開。相反，閱讀是參與（participation），要明白《可蘭經》，便要消失在《可蘭經》之中。（Bruns, *Hermeneutics Ancient and Modern*）

《薄伽梵歌》包含十八章偉大的印度史詩《摩訶婆羅多》（*Mahabharata*），它們是在阿朱那（Arjuna）發起的戰事中被寫成。經常有人指出，這詩的價值在於其調和印度教中很多不同的觀點，又賦予作出不同理解和解釋的自由。因而，甘地（Mahatma Gandhi）——每星期也會把《薄伽梵歌》徹底閱讀——被人問及《薄伽梵歌》是否同時教導 *himsa*（暴力，編按：此乃梵文，亦可解作「殺生」）和 *ahimsa*（非暴力，編按：此乃梵文，亦可解作「不殺生」）時，便從容不迫地回答說：

> 我從《薄伽梵歌》中讀不出那意思。作者寫作這詩，很可能不是為了反覆灌輸 *ahimsa*，但作為註釋者，從詩文中引申出數不盡的解釋，即使如此，在我解釋《薄伽梵歌》時，若這詩的中心主題是 *anasakti*（無私的行動），它同時也教導 *ahimsa*。（摘引自 Gwilym Beckerlegge, ed., *The World Religions Reader*）

顯然，甘地並不關注文本的**那**意思（the meaning），更肯定不是依照作者的意圖作為解釋的指引！

4. 詮釋循環

我們上文提到**詮釋循環**，而下一章我們更會從早期基督教神學家里昂主教愛任紐（Irenaeus，約 130 ～約 200）的背境，及他所制定的原則，即「真理準則」（canon of truth〔*regula veritatis*〕），再檢視這問題。但我們作出進一步探討之前，先留意一下詮釋循環這對詮釋學極具重要的議題，將會是明智的做法，因為我們必須清楚理解這議題。我們試從以下角度來看看。

聖經是基督教教義和教會信仰的來源和一手資料；同時，那稱為**使徒傳統**（apostolic tradition）的重要信念又是「真理準則」，它監管著我們正確地閱讀聖經。換句話說，聖經提供規則，試驗眾人對聖經的解釋。（馬丁．路德確實相信，聖經會自我解釋。）可是，哪一樣是首先出現—文本還是解釋？答案是兩者都非首先出現，但又同是首先出現。德國神學家和哲學家士來馬赫（Friedrich Schleiermacher，1768 ～ 1834）——不時被稱為現代詮釋學之父，我們會在第四章再詳細介紹——如此形容這種詮釋過程的循環：我們為了從整體上綜觀文本，便必須恰當留意文本的細節和特點；可是，如果我們缺乏對那作品的整體性具有意識的話，卻又無法欣賞那些細節和特殊性的意義。我們先從宏大的觀念（big idea）出發，以此為亮光來清楚和詳細閱讀文本，然後又用文本證明那最初的觀念。

因此，解釋不是一種線性的過程，並非透過文本，使人從無知變為理解。到了這章的結尾，我希望你會粗略掌握到，解釋其實是更為複雜和有趣的一回事。各式各樣的閱讀過程都不會向我們提供任何最終的結論（或者，除非等到萬物終結，我們安息在上帝裏面），但它只會是不斷刺激我們作出進一步的探究和對話。德國哲學家海德格（Martin Heidegger，1889～1976，另譯「海德格爾」）曾說，我們最重要不是想辦法**走出**（get out）詮釋循環（那可以說根本是不可能做到），卻是如何想辦法開始**走入**（get in）那循環。換句話說，你先從哪種概念入手——是基於信或是基於懷疑？或更可能是半信半疑？甚麼是你的前設、你的推測，或你的偏見？以上這一切，都不必然是好或是壞——這一切是人人也會擁有的。這一切都會影響你如何作出閱讀和解釋。

這第一章是為了帶出一些問題，又希望可以動搖好些假設。如今你可能會覺得幾分迷惘，甚至可能會有點不是味兒！人們不時會投訴，詮釋學的研究，本應簡單直接，但反而把問題弄得更複雜。嗯，隨著我們接下來簡介西方基督教的詮釋學歷史，討論到文本的本質（特別是聖經，但並非只談聖經）和我們閱讀的方式，我們便會發現，事情從來決不簡單直接。事實上，詮釋學與基督教神學和教義的發展是不可分割的，而又不時會非常具競爭性和政治性。從某些方面來看，馬丁・路德、加爾文（John Calvin）和志同道合的宗教改革家所發起的詮釋革命（hermeneutic revolution），發動了整個宗教改革運動（Reformation）的進行，更成為宗教改革運動的核心。

我現在必須先提醒你，這書的結尾會向我們投下更多問題，都是由我們這新世紀初獨特的文化環境所觸發而來的問題。我們可能是生活在一個前所未有的多元文化的社會裏，這社會深受基督教和猶太教以外的信仰和傳統影響，很多人更是徹底抗拒**一切**信仰傳統。一定程度上由於這緣故，這一章也包含了伊斯蘭教和印度教聖典的簡介。不過，與此同時，有些人會說，我們生活在懷疑主義（skepticism）和相對主義（relativism）的「後現代」(或甚至「後後現代」〔post-postmodern〕) 時代，一切決非不變，沒有信念可視為終極；這時代深深受到那些現代「先知」的革命所影響——像是佛洛伊德（Sigmund Freud，心理學界)、愛因斯坦（Albert Einstein，科學界)，更不用說馬克思（Karl Marx，政治界）和尼采（Friedrich Nietzsche，哲學界)。不論你喜歡不喜歡他們，這些思想家都各自影響了我們如何閱讀和理解文本，更尤其是聖經這「神聖」文本。

我們還有很長的路要走，但最少已經起步。我們需要同時懷著信與懷疑，以此健全的態度走下去，並作好預備動動腦筋！

總結

我們可以歸納這一章的重點如下：

1. 詮釋學被理解為解釋，詮釋這字是源自希臘神明希耳米的名字，希耳米是「眾神明的使者」。
2. 詮釋學夾雜信之詮釋學和懷疑詮釋學。「文本」，我們指的是甚麼意思？「閱讀」，我們指的又是甚麼意思？
3. 亞里士多德和希臘人也理解文本是一致的整體，帶有開頭、中段和結尾。現代的聖經閱讀方式，很大程度上是根據這種對文本本質的理解，但情況不必然就是這樣。
4. 我們碰上了詮釋循環，及解釋的「永不終止的故事」（"never-ending story"）的問題。

5. 除了猶太教和基督教，其他大宗教的傳統也有各自獨特的詮釋學和對其神聖典籍的「閱讀方式」。

活動和問題

1. 有些文本會激發信心，另一些則會惹起懷疑。我們如何作出正確的平衡？是否存在客觀的準則，可以幫助我們達到這種平衡？
2. 試想像你正閱讀一本書，碰上了一個你從未見過或聽過的字，並且不知道那字的意思。字典向你提供三種解釋，看起來又摸不清那解釋才是最適合。這情況下，你會如何著手決定那字的意思，以致理解得當，又站得住腳？
3. 希臘哲學家亞里士多德在其《詩學》中論到寫詩並指出：「可能存在的不可能性，總比起沒有説服力的可能性更為可取。」你認為他這樣説是甚麼意思？請特別思想這想法與福音書受難敍述的關係。（如果這樣想令你困惑，請不要擔心——在詮釋學，多動腦筋，細心思考，比起得到「正確」答案，通常更重要。）
4. 你需要其他家人或同事一同參與以下的活動。請仔細閱讀以下兩段經文，建議你閱讀較現代的英文譯本：

   創世記二十二章 1 至 14 節
   約翰福音一章 1 至 18 節

不要太介懷經文的**意思**是甚麼（不管那是甚麼意思！），嘗試衡量經文怎樣影響了你，從而衡量你**怎樣**閱讀經文。

比方說，女性閱讀創世記的經文，會否與男性有別？

在甚麼程度上，你是運用信之詮釋學，或是懷疑詮釋學來閱讀？你會發現人們在這點上會出現極大分歧。（再參考你第一條問題的答案。）

這情況如何改變你閱讀的方式？你會否感到憤怒？困惑？安慰？還是覺得怎樣？

然後，比較一下別人的筆記——預備有需要時據理力爭！（詮釋學總是關乎到爭論和辯論，多於純粹同意正確答案。沒有一種閱讀是完全正確或完全錯誤。我們可能就是要學習與我們的差異共處。）

5. 海德格說，我們要考慮如何**進入**（enter）詮釋循環，這比起想盡辦法脫離那循環更為重要。你認為他這樣說是甚麼意思？或者，他是否指到好的閱讀是更關乎我們察覺自己和自己的傾向，勝於關乎「尋求正確答案」？你認為怎樣？

第二章

米大示、聖經和早期教會

1. 米大示和拉比的解釋

在我們簡單回顧早期基督教詮釋學如何出現和發展之前，我們必須先認識更古老的猶太解釋傳統，而我們會集中探討**米大示**（midrash）這字，但同時要記得，這傳統是非常豐富和複雜，此處只是稍作涉獵。這詮釋傳統融入了其後的基督教理解中，而又在近代的文學和聖經研究中得著復興。米大示只代表其中一種古猶太的釋經方法（exegetical methods），卻是極重要的一種。（進深的導讀，可參考 Werner G. Jeanrond, *Theological Hermeneutics*, pp. 14 ～ 17。）。

猶太學者紐斯納（Jacob Neusner）為米大示下了很簡單的定義：「古猶太權威作出的聖經釋經」。這字源自希伯來文 *darash*，意思是「研究」、「考查」或「探究」（參 *What Is Midrash?* p. xi）。紐斯納進而把這字細分成不同的範疇，但我此處打算寫得較精簡和明確。在此要概括地指出，相對於我們至今已概括考慮的那些關於文本本質和閱讀的理解，古時拉比的理解卻是截然不同的。

如果希臘傳統本質上是屬於哲學性的，希伯來傳統則並不是這樣。猶太人不著重從字詞**中**（in words）尋找意義，反而視字詞中存在著某種形式的對話，那是永無止境，沒有結論的，除非最終歸入上帝的沉默中——這沉默是萬物的始與終。文本永無止境，只會無限重複，不斷改良——就連解釋者之間也不必然會取得共識，只是在作品所提供的「空間」裏作出討論。因此，**文本**這重要的概念本身亦必須作出修訂。

妥拉（Torah）就是生命的神聖法則，寫在五卷律法書中（the Law，又稱作五經〔Pentateuch〕），這五卷書又構成了基督教**舊約**的創世記到申命記（這要跟猶太人的**希伯來聖經**區分出來）。在拉比看來，妥拉其實不是自然界的人為產物，從某種意義來說，妥拉根本不是由踐行者（human agency）所寫，卻是在創造天地之前便已存在。下文是一段著名的米大示（或評註），是論到創世記最初數節經文的：

> 習慣上，人們建造一座宮殿，不會按照自己的聰明建造，卻是會依從工匠的智慧。而工匠也不會按照自己的聰明建造，卻會參考設計圖和記錄，好要知道如何建造房子和走廊。至聖者——祂是應當稱頌的！——也是這樣，先查考妥拉，才創造世界。（"Midrash on Genesis"，摘引自 Susan Handelman, *The Slayers of Moses*）

故此，古時的拉比相信，妥拉的經文就是創造天地的藍圖，從某種意義來說，比萬有先存。拉比會視那些實際寫下來、有形有體的文字是「妥拉的外衣」，即那份先存「文本」的衣服，因此，即使是頁上的一點一畫，其格式和形狀也意義深邃。馬太福音是最帶有猶太色彩的福音書，當中有一節經文就是根據這種觀念的。那就是登山寶訓中耶穌所說：「就是到天地都廢去了，律法的一點一畫也不能廢去，都要成全。」（太五18）較古老的英文譯本所指律法的「一點一畫」（jot and tittle），其實是指到希臘文的小字母 *iota*（點），甚至是指到一個筆畫（stroke，較早期的英文譯本會譯作 tittle 或 title）。即使是妥拉的字母的一畫也會存到永遠，因而，閱讀和解釋妥拉，不只是為了設法理解妥拉的意思，視經文僅是為了達到這目標的手段。那遠遠不止於此，因妥拉有形體的文本（material text）覆蓋著那無形體的原稿（nonmaterial text）——神聖妥拉，這份原稿乃是無始無終，無限神祕。我們可以說，閱讀妥拉的文字是一種身體上的動作，猶如觸摸上帝衣服的摺邊。

故此，根據這種背景來看，解釋的過程（即米大示）必然是無窮無盡，又是一種通向最終不可言喻之上帝的過程。你永遠不可以停下來，並確實地說：「現在我明白了」，因為這並非閱讀的目的，甚至擅自作出這樣的宣稱，都會造成誤解。這等於聲稱自己理解了人類不可能領會的事。文學鑑別學者哈特曼（Geoffrey H. Hartman）是一位現代猶太釋經學者，他形容閱讀就像「為文本搏鬥」（甚至是與文本搏鬥）。創世記三十二章22至32節中，雅各與那陌生人搏鬥，就如摔跤一樣，同樣，讀者遇上妥拉的奧祕，也會好像雅各想要知道「那名字」的奧祕，就是那陌生人身分的奧祕。我們值得再讀一遍那段經文，以之作為閱讀的模範。雅各渡過了雅博渡口，整夜與一個不知名的對手摔跤，你也可能會與你面前的文本搏鬥得不見天日。雅各搏鬥中甚至受了傷，但仍堅持要從那陌生人身上找出祕密，他說：「你不給我祝福，我就不容你去。」我們從文本中尋找的，與其說是意思，不如說是祝福。我們要預備與文本搏鬥，就算會被文本的奧祕所傷，直到得到祝福為止。我們設法要知道文本神祕的「名字」。

不過，我們會得出怎樣的結論其實並不重要，反而搏鬥本身才是關鍵，哈特曼把那種搏鬥稱為是文本的「摩擦作用」(frictionality)。當我們與文本的敍述相遇，閱讀便可以產生熱力，但又可能會使我們離開書本時，像雅各離開那人一樣，在搏鬥中受了傷，以致我們一拐一拐地離開文本——困惑又迷惘，卻變得更有智慧。如果我們最後智性上仍無法理解，仍是想不通自己所閱讀到的，那麼便應該回想一位創世記評註者的說話：當我們與文本搏鬥，「跛行是沒有罪」。從某種意義來說，閱讀可能會使我們受傷，但即使疼痛難當，也可能是一件正面的事情。

2. 希伯來聖經和新約的詮釋學

將文本視為「首要」(primary)而鑑別過程為「次要」(secondary)，這樣區分只是相對近代的事情。文本及其思想的「所有權」(ownership)是屬於文本的作者，並受到嚴格的版權法監管，這亦是近代才有的觀念。不論希伯來聖經的作者是甚麼人，他們都是隨意借用古代近東較早期的文獻，因應他們的神學旨趣而整理和改編那些文本，而文本較古老的底層資料，有時仍會很接近表層，就像堅硬的古老巨石抵得住歲月的侵蝕，從後來的地貌上仍隱約可見。

舉一個例，請閱讀創世記六章 1 至 4 節，那是描寫洪水之前地上的人：

> 當人在世上多起來、又生女兒的時候，上帝的兒子們看見人的女子美貌，就隨意挑選，娶來為妻。耶和華說：「人既屬乎血氣，我的靈就不永遠住在他裏面；然而他的日子還可到一百二十年。」那時候有偉人在地上，後來上帝的兒子們和人的女子們交合生子；那就是上古英武有名的人。

神祕的「上帝的兒子們」到底是誰，與人的女子生兒育女？「那時候……在地上」的「偉人」(「強人」或「英雄」,《新修訂標準譯本》譯作 Nephilim）又是誰？這些人很可能是源自古代美索不達米亞人（Mesopotamian）的起源神話。

而且，約伯記也很可能是根據一篇極為古遠的史詩，經過改編而為備用。事實上，希伯來聖經不少內容也幾乎像是對古代近東較早期文化的文獻作連續的評註（running commentary）。

此外，希伯來聖經的敍事會一再重複，並因應不同神學或文化的旨趣而突顯不同的強調。長久以來，聖經鑑別學家主張五經——希伯來聖經前五部書——具有不同的作者（傳統上認為是由摩西本人所寫），有時會稱為 JEDP 敍事（耶典底本〔Yahwist〕、伊典底本〔Elohist〕、申命記底本〔Deuteronomic〕，及祭司法典〔Priestly〕）。這種文本層次可以解釋創世記前三章何以會出現兩個版本的創造故事，那兩個故事分別帶有各自特定的關注和理解方式。顯然，那些古代的作者受到不同神學的視象（visions）所驅使，運用他們對解釋的詮釋學原則，來整理那些傳統資料（我們將會一再看到，神學與詮釋學永不分離）。後來，我們見到兩段十誡的記載，分別記在出埃及記和申命記。更大規模來說，我們已簡略提過，歷代志上下先速寫從亞當開始的家譜，再從大衛王朝的歷史說起來，而那段歷史又可見於撒母耳記上下和列王紀上下，只是經過了精心編輯，以迎合他們的目的。例如，大衛遇見拔示巴，並鏟除她的丈夫赫人烏利亞，歷代志就刻意不提這段不光彩的情節。大衛的性格被重新解釋。

整本希伯來聖經也可找到閱讀和編修較早期經文的例子，那些經文的斷片仍可見於聖經正典中，它們提醒我們，詮釋學一直都是一種宗教和政治活動，而且沒有閱讀是「無機心的」(innocent)，用流行的說法，都是想隱惡揚善。

當我們談到新約（稍後會考慮新約正典如何形成），便會發現，不但新約大部分的內容都是希伯來聖經的評註或閱讀，而基督教會更是很快地因應自己的目的，解釋和編修希伯來聖經，使之變成基督教的舊約。（故此，儘管希伯來聖經和舊約的材料很大程度上是相同的，但仍需要將兩者作出區分。）

馬太福音五至七章的登山寶訓，就是這種對希伯來聖經作修正閱讀的例子。耶穌在那裏提出十誡，並給予一個全新倫理角度的講解：「你們聽見有吩咐古人的話……只是我告訴你們……」（五 21 ～ 22）耶穌堅持自己不是打算改變或廢除古時的經文。古代猶太釋經家認定，聖經每一個字都是上帝所說的話，而耶穌沒有離開這原則。耶穌所做的，只是根據不同的詮釋學原則，提供一種對十誡的嶄新解釋，與其説是改變了十誡的**意思**（meaning），不如説是改變了十誡對我們的**意義**（significance）。因此，十誡的影響力變得很不一樣。耶穌告訴他的聽眾，他們一向以為自己明白的事，當下要從新的角度來理解。我們對文本的理解是永不靜止的。

此外，馬太福音是帶有最濃厚猶太色彩的福音書，它以家譜作為開始（這與歷代志上有點相似），將耶穌與萬國之父亞伯拉罕直接連上關係，之後才講述耶穌降生的故事，使到那事情的發生是「按照聖經」的。馬太福音的作者不關心那些現代歷史分析的問題，亦不打算為我們解開「追尋歷史耶穌」（quest for the historical Jesus）之謎（我們在適當時候會再作探討）。事實上，馬太福音的作者根本不會明白這些東西，我們這些歷史觀念只是在相對近代才發展出來的。馬太福音的作者想要表明，耶穌應驗了希伯來聖經的一切預言，有見及此，就可以肯定耶穌就是眾望所歸的彌賽亞，而這一切都是「按照聖經」記載而發生的。簡而言之，馬太福音的作者是按照後來的事件來閱讀希伯來聖經，而又是按照希伯來聖經閱讀後來的事件——一個完美的詮釋循環！（**新約研究有一門稱為編修鑑別學〔redaction criticism〕的學科，在現代解釋過程中，它實際上是採納了詮釋循環這原則。不過，我懷疑老練的編修鑑別學家不會肯承認這點！然而，編修鑑別學的原則是很簡單：你選取一段敍述的事件，用來建立一個普遍性的命題，然後又用那普遍性的命題，來解釋和肯定那段敍述的一切細節。與所有詮釋學一樣，於是它使你走了一圈！**）

新約閱讀希伯來聖經的另一個關鍵，就是**預表論**（typology），而貫穿基督教詮釋學的歷史，至少在中世紀之前，預表式閱讀的原則仍是極其重要，同時應用在文本和視覺藝術上。人物（甚至有時是希伯來聖經中的事件）都會被視作是新約中某些人物和事件的預示，因而，古時的預言或預兆，便保證了那些人物和事件的真實性。例如，耶穌的出生是根據以賽亞書七章 14 節提出的兆頭（sign，或譯「記號」）而被理解的：

> 因此，主自己要給你們一個兆頭，必有童女懷孕生子，給他起名叫以馬內利。

（由於童女的觀念後來在基督教神學中相當重要，故此值得一提的是，此處**童女**（virgin）的觀念只出現於後來的希臘文聖經，即是《七十士譯本》〔Septuagint〕，而不見於原來的希伯來聖經。我們能否說，後來的教義是來自文本的意外——由於馬太福音的作者是運用希臘文，而不是希伯來文的文本？）在基督教聖經的理解上，很重視以預表的角度來閱讀舊約。舉一個例，創世記二十二章中，以撒險些被自己父親所殺（雖然沒有確實發生），那事成了基督的預表（基督順服父上帝的旨意，成為獻祭的羔羊而死——參考路二十二 42）。

保羅書信中，希伯來聖經的「預表」變得更接近**榜樣**（example），或則較像**寓意**（allegory），無論如何，保羅視舊約（在他的情況中，我們可以稱之為舊約）與基督受難的事件和其中的新約（New Covenant）是完全連續的，宗教改革家馬丁．路德的詮釋學就極之看重這原則。例如，我們可以把整段出埃及的敍述，視為是警告基督徒不要學效古時的以色列人那樣行。「這些事都是我們的鑑戒〔預表〕，叫我們不要貪戀惡事，像他們那樣貪戀的。」（林前十6）因而，我們可以透過閱讀古人身上的榜樣（鑑戒）而有所學習。另一些地方，保羅會把舊約視為一種寓意，藉以舉例並說明我們活在基督裏的那個新時代。加拉太書四章22至26節中，保羅提到亞伯拉罕的兩個兒子，其中一個由撒拉所生，另一個是以實瑪利，由婢女夏甲所生，然後又進而形容那兩個女人是代表兩個約：

> 這夏甲二字是指著阿拉伯的西奈山，與現在的耶路撒冷同類，因耶路撒冷和她的兒女都是為奴的。但那在上的耶路撒冷是自主的，她是我們的母。

這段話的第一個「是」字，肯定不是打算叫人字面地理解。保羅只是運用經文，舉例並說明自己的重點，這是一種閱讀的方式。

不過，最重要的是，我們需要看出保羅怎樣**從基督論角度**來閱讀舊約（再次，不難明白何以馬丁．路德如此鍾情保羅書信）。基督是第二亞當，他的受難扭轉了第一亞當所招致的墮落。其他一切事情也隨著基督的受難而來，基督的受難亦成為閱讀舊約的詮釋鑰匙，希伯來聖經又可藉此鑰匙變得基督教化，那猶如一個解釋的總綱，以後來在基督裏實現的，作為一切事情的解釋；在基督裏，恩典超越了律法。事實上，保羅所作的，就是把一套神學詞彙加在自己對經文的閱讀上，以確保經文的意思是按照基督的救贖工作而得。（**我們也許可以深思，我們是否也會用自己的方式，把一套神學的詞彙加在聖經經文上，為求使到它們變得「有意義」。你認為情況是否這樣？**）

不過，在我們離開新約經文，進到早期基督教會本身的詮釋學之前，適宜先作出最後的警告。保羅與馬太福音的作者擁有相同的猶太思想背景，並對猶太聖經具有同樣的理解。不過，新約的文獻不必然都是這樣，我們不應預期新約正典呈現詮釋學上的一致性。以下會舉例説明我的意思。

希伯來書（曾有人認為作者是保羅，但差不多肯定不是出自他的手筆）描繪了一幅圖畫，就是基督徒是承接了上帝和祂古時子民（即猶太人）所立的舊約，而猶太人不是錯的，他們只是由於尚欠基督，於是不夠完全（incomplete）；基督是「為我們信心創始**成終」的那位**（perfecter；粗體為筆者所加）。希伯來書回顧亞伯拉罕、摩西，及「如同雲彩的見證人」的信心，他們充滿整本希伯來聖經，而又是「若不與我們〔基督徒〕同得，就不能完全（perfect）」。因此，希伯來書一開始便説：

> 上帝既在古時藉著眾先知多次多方地曉諭列祖，就在這末世藉著他兒子曉諭我們；又早已立他為承受萬有的。（來一 1 ～ 2）

不過，現在翻到使徒行傳第七章，看看司提反向猶太人公會所發出的言論，你便會發現一種對希伯來聖經很不同的理解——猶如一段歷史，講到從前的人是故意不肯聽從上帝藉著摩西和眾先知所説的話。於是，司提反指責那些反對他的猶太人和他們的先祖至今仍是殺人犯。在此處，我們不難發現這種特定的聖經閱讀，如何能引發一種深邃的反猶太主義，就如後來的聖經閱讀（我們將會看到）如何引發了那類事情，像是種族隔離，或更廣泛來說，對女性有效的奴役。你會發現解釋過程的認識，不只是一種學術活動。**我們怎樣閱讀**文本，可以產生最深邃的影響，改變我們怎樣看其他人及怎樣對待他們。

使徒時代之後不久，安提阿（Antioch）主教伊格那丟（Ignatius，約110年在羅馬殉道）確信，舊約的眾先知「行事為人與耶穌基督一致」，故此他們才會受到那時的猶太人逼迫。伊格那丟顯然是把舊約視為是基督教的文獻。

3. 基督教正典的設立和從傳統而來的論據

對於第一代的基督徒來說，惟一的聖經只是希伯來聖經。不過，有證據顯示，從早期開始，基督教內部便渴望建立屬於自己的權威文本。有一種理論指出，早在主後一世紀末，由於那稱為使徒行傳的書卷寫成，促使保羅的早期書信被收集起來，這些書信已廣為人知，但在那階段仍未被視為「聖經的」（scriptural）。試圖建立基督教聖經「正典」（canon）的首個記錄，可追溯到二世紀中期，那是異端馬吉安（Marcion）的作品，其著作後來全被銷毀。馬吉安本來打算拒絕接納整本希伯來聖經作正典，並只接納路加福音和少數保羅書信作正典。（**「正典」這字源自古典希臘文，被理解為是一根直棒或竿，用作尺寸或準則——「量竿」。於是，正典的經卷就是用來衡量和解釋其他經卷是屬於正統，還是異端。文學的傳統仍然使用「正典」這字，指到那些已被公認為是舉世矚目的著作，像是莎士比亞〔Shakespeare〕、但丁〔Dante〕或密爾頓〔Milton〕等，但這種文學正典的定義比起聖經正典的定義更為鬆散。**）

馬吉安的作品受到激烈抗拒，卻指出了建立清楚權威文本的迫切需要，好讓基督教會可以藉此建立自己的信仰和神學。或者，在整理新約「正典」的過程中，約主後一七七年的里昂主教愛任紐（Irenaeus）就是最重要的人物。愛任紐（從其他所謂「次經的福音書」〔apocryphal Gospels〕中）確立了四福音的正典地位，而認證的方法卻很奇異，竟訴諸於極不可能的舊約權威，像是大衛，以及在耶和華面前坐著具四張臉的基路伯！但重點是說，確認穩定的權威文本，對於建立基督教的自我定義，乃是決定性的因素。

愛任紐和他學生迦太基的特土良（Tertullian of Carthage，約 160 ～約 220）都曾著書，極力反對諾斯底的華倫提努（Valentinus）和他的跟隨者所採取的詮釋原則，而為了本書的目的，下文會從兩方面歸納他們的鑑別學（廣義來說，諾斯底派〔Gnostics〕相信某種來自使徒或直接從上帝啟示而來的特殊知識。他們的教導不時會夾雜奇怪和繁複的聖經解釋）：第一，愛任紐指責華倫提努等人精心挑選經文的次序，混淆所有事情以迎合他們自己的想法和異端神學。相反，愛任紐本身堅持要按照聖經的編排來理解聖經，不可為了迎合自己，肆意改動經文的次序。第二，華倫提努等人在閱讀聖經時，把原本清楚直接的事情複雜化，使之變得含糊。他們著重自己諾斯底觀念，過於經文本身，因而他們只是把事情弄得比實際更為複雜！愛任紐和特土良都強調要按照傳統作出解釋，那傳統就是「真理準則」，即是教會保存下來可追溯至使徒本身的信仰，忠於**使徒統緒**（apostolic succession）的宣告。簡而言之，這種是以**權威**和**延續性**（continuity）為基礎的詮釋學，而閱讀聖經就是把自己置於整個教會的歷史和秩序上。

特土良似乎曾接受法律的訓練，他認為聖經是屬於教會，是從使徒手中承傳下來，因此聖經不能抽離這處境而被閱讀。特土良的著作《對異端的訓令》（*De praescriptione haereticorum*），主張嚴禁教會以外的異端閱讀聖經，他指出：

> 並且，在何處看來能找到基督教的紀律和信仰，那裏就會有真的聖經、真的解釋及一切真的基督教傳統。（摘引自 Robert M. Grant, *A Short History of the Interpretation of the Bible*）

如果只有教會才有權解釋聖經，那麼，我們便可明白，這情況會如何限制了個人理解聖經的可能性。解釋必須與所有正直的和正統的讀者聯合，故此，從定義上來説，教會以外的人必定會解釋錯誤！**請試想有甚麼關鍵處境會影響你自己的閱讀——就如宗教信念、文化、政治信條等**。

4. 亞歷山太學派和安提阿學派

然而，早期的基督教思想家從猶太詮釋學（Jewish hermeneutics）承襲了一個根本的問題：究竟是應**按照字面**，還是**按照寓意**解釋聖經？教會中很快便形成了兩個主要學派，其中一個以埃及的亞歷山太（Alexandria）為根據地，他們傾向從寓意或象徵的角度閱讀聖經，而另一個則在更具猶太色彩的城市安提阿，他們較著重字面地閱讀聖經。

我們先談談亞歷山太。首先，我們需要明白，亞歷山太是很有學養的世界大都會，與愛任紐和特土良的西方世界相距甚遠。亞歷山太學派最早期的偉大學者革利免（Clement，約死於214年），曾接受廣泛的教育，師承來自地中海東面各地的希臘人和猶太人教師門下。不過與此同時，革利免又像愛任紐一樣，堅持按照「直接源自聖使徒彼得和雅各、約翰和保羅神聖教導的真傳統」（Clement，摘引自 Eusebius, *Ecclesiastical History*）而作出解釋。同一時間，猶太思想家和釋經家亞歷山太的斐羅（Philo of Alexandria，約主前13～約主後40/50）也影響到革利免，斐羅是以希臘哲學的角度來閱讀希伯來聖經，他經常提出，聖經的字面意思必須被摒棄，以有利於得出其寓意的意思。同樣，斐羅認為文本不只帶有一種意思，卻是帶有多重意思。斐羅的思想屬於折衷主義式的（eclectic，譯按：即將各種神學或信仰傳統的重要部分綜合起來），最終他認為希臘哲學中所找到的真理，與聖經中找到的真理沒有兩樣。斐羅又很接近我們這一章起首所看到的那種拉比的閱讀方式，相信聖經每個字母都是重要的，並具有深遠意義。

革利免依據這種詮釋的榜樣，理解聖經為一種象徵的語言，它要被寓意地理解，但他的指導原則（不像斐羅）乃是相信**道基督**（Christ the Word）或**邏各斯**（Logos）在舊約與新約中同樣說話。革利免按照這原則來進行閱讀，他滿足於注意至少經文五種可能的意思：歷史性意思、神學或教義性意思、先知性意思、哲學性意思，以及奧祕性意思。最重要的是，革利免所關注的是神學和神學視象，而聖經就為這兩者提供一幅地圖或資源，使他可以自由運用，並建構自己的圖畫。舉一個例，革利免的著作《雜篇》（*Stromateis*，即文集〔Miscellanies〕或直譯解作「湊合物」）中，他同時取材自新舊約聖經和次經，從而描寫天上的「住處」：

根據信徒的價值，那裏會有不同的住處。所羅門說：「他將會得著上好的信心之恩，又會在耶和華的殿中佔有更可喜悅的分。」（所羅門智訓三14）此處那比較的形容詞「更可喜悅的」暗示，上帝的殿（即是全教會）存在較次等的分，但又不致於算入耶和華所在的上等領域。這三種居所是上帝揀選的住處，它們乃是福音書的數字所**隱藏的意思**：「三十倍、六十倍，及一百倍」（太十三8，出自撒種的比喻）。凡是能夠按著主的形象、「成為完全人」（弗四13，譯按：譯者自譯，和合本譯作「得以長大成人」）的人，就可得著完美的產業。（Clement, *Stromateis* Ⅵ, xiv；粗體為筆者所加）

革利免之後，亞歷山太學派最偉大的詮釋者顯然是俄利根（Origen，約185～約254），他對聖經主要的寓意式閱讀，乃是源自一種神學主張：「全宇宙都充滿那不可見之世界的象徵和預表，萬物〔也有〕兩面，一面是有形體的、可感覺的，人人都可掌握；另一面則是屬靈的、神祕的，只有完全人才能明白。」（*Oxford Dictionary of the Christian Church*, 3d ed.）因而，因著堅持教會以外沒有救恩，所以俄利根在閱讀約書亞記二章時，就指出「喇合奧祕地代表著教會，那紅線則代表基督的血，而惟有那些在她家裏的人才能得救」。俄利根這樣總結他對聖經的閱讀，這也成了他對「經文有甚麼**意思**？」這問題的回答：

聖經蘊含終極的奧祕，這奧祕惟有用象徵才能表達，而按照字面根本不能正確理解象徵。因此，

> 惟有寓意的方法才可提供鑰匙，解開經文中隱藏的奧祕。（Origen, *Peri Archon* IV 2, 6，摘引自 Jeanrond, *Theological Hermeneutics*）

然而，雖然安提阿學派的詮釋者也依循當地猶太的解釋傳統，但是重點卻牢牢地放在主要按照字面閱讀聖經，又重視聖經啟示的歷史的實在（historical reality）。像摩普綏提亞的狄奧多若（Theodore of Mopsuestia，約 350 ～ 428）的讀者拒絕視經文具隱藏意思這觀念，他們認為聖經寫得清楚不過，只要願意閱讀，人人也可以明白。狄奧多若所重視的是小心遵照文本和文法作出閱讀，並那「從下而上」的歷史上的基督—他與我們擁有一樣的人性，透過道德的途徑而邁向神性的狀態。在狄奧多若看來，按照新約來閱讀舊約，並非是運用**預表法**，而是用上了**比較**（comparison），他又譴責俄利根和亞歷山太學派的學者不明白聖經在**字面和歷史上都真確無誤**。因而，伊索得（Isho'dad）在九世紀寫下的著作《詩篇導論》（*Introduction to the Psalms*），這乃是根據狄奧多若的教導寫成，他在書中形容亞歷山太學派的人是「愚蠢人」，我們可以讀到：

> 詩篇和眾先知論到以色列人的被擄和回歸，他〔俄利根〕竟解釋這是關於靈魂被擄、遠離真理，後來回到信仰的教導……他們不按照天國的真貌解釋天國，也不按照亞當、夏娃或任何存在之物的真貌解釋那些事。（摘引自 Grant, *A Short History of the Interpretation of the Bible*）

從上文我們看到，我們如何閱讀和解釋，其實很視乎我們怎樣看世界和自己所身處的地方。對於我們和古時的基督徒詮釋者來説，這情況同樣是真的。我們把自己先設的信念（prior beliefs）帶到文本——不管那是關乎上帝或超越性（transcendence）的信念，還是關乎物質主義和字面的信念。對我們部分人來説，這世界只是世界，但對其他人來説，世界卻是一個記號和象徵，是一道通向另一個更偉大「實在」（reality）的窗子。

5. 奧古斯丁（354～430）

希坡（Hippo）的主教奧古斯丁（Augustine，354～430）顯然是早期基督教會最偉大的詮釋者，我們此處只能粗略介紹他的作品。奧古斯丁成年後才歸信基督教——信主過程見於他最著名的作品《懺悔錄》（*Confessions*）——他通曉希臘和柏拉圖的哲學，又像俄利根和其他前人一樣，把自己所學到的好好用來發展他的詮釋學原則，因而，基督教的詮釋學可代表猶太和希臘閱讀和解釋傳統的結晶。好像俄利根一樣，奧古斯丁發展出複雜的寓意式閱讀，這可見於《懺悔錄》的卷八，那是創世記一章的一個精緻的寓意式解釋。例如，被上帝從光分開的黑暗（一4），代表靈魂仍沒有上帝的光；而賜給人作食物的植物（29節），則代表滋養靈魂的善工。不過，同一時間，奧古斯丁又發展聖經的多重閱讀，經文不只限於僅有一種獨有的「意思」。事實上，奧古斯丁發展出一種詮釋理論，同時包含字面和寓意（或意象性〔figurative〕）的角度，就此來説，他就代表著，亞歷山太學派和安提阿學派之間爭論得到解決，而在論文《論基督教教義》（*On Christian Doctrine*

〔*De Doctrina Christiana*〕)，奧古斯丁就提出了一些可以清楚劃分那兩種詮釋角度的原則。在既定屬靈實踐（spiritual praxis）優先性的情況下，字面的意思總是較為可取，於是奧古斯丁寫道：

> 至於意象的表達，應遵照以下的規則；人們要小心細想自己的閱讀，直到得出可通向愛之國度的閱讀。**不過，如果經文看來是循正常〔字面〕的角度被使用，便不需要從意象的角度作出理解。**（Augustine, *De Doctrina Christiana* III, 23；粗體為筆者所加）

奧古斯丁對詮釋學發展作出最大的貢獻，莫過於他的「記號理論」（theory of signs，即**記號學**〔semiotics〕），他亦在《論基督教教義》一書中詳加說明。簡而言之，奧古斯丁認為，任何聖經的閱讀，也必須經過小心及全面地分析經文的語言和文法結構，以避免作出任意及無根據的解釋。文字是**記號**——這是說，文字指涉到作為「能指」（signifiers，或譯「意符」）的東西，不可與所指涉的東西混為一談。我們稍後會看到，這明顯地是對語言本質一種非常現代的洞見。這對於聖經尤其重要，因為這看法促使奧古斯丁真的限制了聖經的角色，他視聖經為人的文本，是指涉上帝的，但聖經本身無論如何都不可以被視為具神性的。因而，聖經是用來指引基督徒的生活，卻並非絕對必要，因還有其他途徑可令人得救。固然，奧古斯丁寫道：「一個將生命扎根於信、望和愛的人；他仍需要聖經，只是為了用來教導別人。」始終，奧古斯丁是主教，他的詮釋學反映的，只是聖職人員的考慮，而不是遙不可及的學術見解。固然，對奧古斯丁來説，雖然聖經是基督徒生活的基礎，但是他決不是科爾雷基後來所稱的「聖經崇拜者」（bibliolater，譯按：即將聖經當作偶像來敬拜）。

不過，我們需要花點時間來探討「記號」的問題。雖然奧古斯丁要求他的讀者作一個具理解力及受過教育的人，但是在他來看，聖經原則上是可以給所有人閱讀，而不是只留給神學尖子，像後來中世紀時的情況。我們已看過奧古斯丁如何認定字詞（或記號）既可以是字面的，又可以是意象性的，也制定出辨別兩者差異的原則。不過，讀者還會面對另一個問題，因而奧古斯丁為讀者提供幫助。我們都知道當碰上一個自己不懂得、不明白或模棱兩可（似乎暗示多於一種意思）的字詞，到底是怎麼一回事。在這問題上，奧古斯丁比後來的聖經鑑別學（biblical criticism）更先指出，當嘗試弄清楚字詞的意思時，讀者必須按照文法的指示，又要留意更大範圍的上下文，文本中的字詞並不可以孤立地被理解。可是到最後，奧古斯丁還是依循較早期的詮釋者如愛任紐和特土良等人一樣，到最後就以教會內的信仰規條（rule of faith）作出最後判斷，這做法後來在中世紀的基督教國家裏，便發展成教會獨攬聖經的詮釋，直到馬丁·路德和宗教改革家才恢復奧古斯丁的教導那更廣闊的面貌。

最後，《論基督教教義》一書中，奧古斯丁承認所有閱讀都是來自某一獨特的角度，沒有閱讀是普遍的（universal）或「無機心的」。我們閱讀聖經時，我們必須採納從聖經而來的角度——即是上帝的愛和我們人類之間的愛。我們將會看到，直到十八世紀之前，有一種堅持一而再重複出現，那就是我們要先祈禱，將我們自己投放於一種可使我們真正理解所閱讀之經文的思想框架之內，這樣才能閱讀聖經。從阿奎那、伊拉斯姆（Erasmus）、馬丁·路德，甚至士來馬赫等詮釋者（我們都將會逐一談及），都會一致同意這觀點。直到啟蒙運動（Enlightenment）用理性取代了愛，作為好讀者的正確閱讀角度後，上述的原則才被打破。在《懺悔錄》中，奧古斯丁領悟到，倘若他智性的驕傲認為，對比起西塞羅（Cicero）和古典作家（那些他曾被教導過的）的宏偉散文，聖經是較為「次等」的話，那麼他便無法明白聖經：

> 我心高氣傲看不起聖經的卑微，我的聰明才智也猜不透聖經的文義。可是，小子會越發明白聖經，聖經就是那樣。但我不屑作小子，滿心驕傲，看自己是偉人。（Augustine, *Confessions*）

我們後面會看看像艾希霍恩（Johann Gottfried Eichhorn，1752 ~ 1827）等博學的德國學者，會怎樣傾向將聖經視作原始作品（primitive writings）。此外，我們必須謹記，恰當的理解可能要求我們有時要滿足於簡單，免得我們想出自己看來聰明奧妙的論據，倒頭來卻蒙蔽了自己。

那麼，奧古斯丁更早經歷到，一些我們遊歷西方基督教詮釋學歷史途中將會遇到的問題，並一些近代才發現的記號學和語言學洞見。可是，奧古斯丁仍夾雜著盲點和洞見、智性的洞察力和文化的偏見，這是很有趣的混合體，就像我們各人一樣——固然奧古斯丁的洞察力，可謂是我們大多數人望塵莫及的。不過，作為結論，請閱讀以下一段摘引自奧古斯丁鉅著《上帝之城》(*City of God*,卷十七,第十九章)的文章,這是論到新舊兩約之間的關係的。你認為奧古斯丁的看法有何優點和缺點?這篇文章題為〈詩篇六十九篇揭示猶太人的不信和頑梗〉(“Psalm 69 Exposes the Unbelief and Obstinacy of the Jews”),很值得仔細閱讀:

> 可是,猶太人面對像這預言那般確鑿的證據,就算種種事件已如此清楚肯定應驗了那預言,他們仍是寸步不移;因而,毫無疑問,下一篇詩的內容就是在這些事件中得著完滿。至於在那篇詩篇中,當與基督受難相關的事件被預言地描述,即是將基督描述為詩中的說話者,那麼,詳情就被記述下來,而它的意義就在福音書中被揭示出來:「他們拿苦膽給我當食物;我渴了,他們拿醋給我喝。」然後,按照經文所寫,兵丁給他這筵席之後,他繼續說:「願他們的筵席在他們面前變為網羅,在他們平安的時候變為機檻。願他們的眼睛昏矇,不得看見;願你使他們的腰常常戰抖⋯⋯」這段話並不是出於願望;而是用願望的格式而發出的先知式預言。那麼,若那些人的眼睛昏矇,以致不得看見那些明顯的事實,這豈是出奇?若那些人的腰常常彎曲,及至向地上的事折腰,以致無法仰望天上的事,這又豈是出奇?因為這些肉身的比喻是指涉到屬靈的事。
>
> 不過,這討論必須在有限範圍內進行,所以讓我對此詩篇的分析,即是對這大衛王的預言,到

此為止。我盼望熟悉這整個主題的讀者會原諒我，並且如果他們知道或認為我忽略了其他可能是更有力證據的經文時，請不要向我抱怨。（Augustine, *City of God*）

總結

我們可以歸納這一章的重點如下：

1. 古代猶太解釋家對文本和讀者抱有不同的理解；妥拉是創造天地的藍圖。
2. 在聖經本身**裏**也有詮釋學；聖經是經過編修和翻譯的文本。
3. 新約具有對希伯來聖經作出預表式和基督論式的閱讀。
4. 基督教聖經的「正典」和「真理準則」的設立是很漫長，又備受爭議的。
5. 在安提阿，聖經閱讀是傾向按照字面；在亞歷山太，則傾向按照寓意或意象的意義。
6. 奧古斯丁的記號學理論促使基督教詮釋學穩定下來。

活動和問題

1. 我們經常會認為閱讀是一種近乎單獨發生的活動。可是，對於古時的拉比，閱讀其實是高度社交性的，又是進行對話、論證和辯論的「先存文本」（pretext）。文本不是定性的（conclusive），而是開放的（open-ended），並且是散漫的（discursive）。當代也存在「米大示式」（midrashic）的文學，帶有這種激發對話的特質，與

「亞里士多德式」(Aristotelian)帶有次序和結論的特質不同，請嘗試找出這些文學的例子。你可能會在詩歌或戲劇中找到，但或者也會在神學性或甚至哲學性作品中發現。請簡略作出一些評論。

2. 除了這章提出的例子外，請找出三個例子，以說明新約如何從**預表**的角度來閱讀希伯來聖經。

3. 基督教正典的爭論——那些文獻應納入正典，那些卻不——會喚起一個問題：把文本稱為「神聖」的準則，究竟是甚麼？你認為這準則如何？(請記得愛任紐確立四福音的正典地位時，所提出那些奇異的想法。)

4. 安提阿「學派」(schools)和亞歷山太「學派」各自帶有甚麼詮釋學的優點和缺點？

5. 為甚麼記號學對詮釋學如此重要？(請記得我們多麼依賴語言的**穩定性**來彼此溝通。如果記號或文字本身不是它們所指涉的東西，我們到底怎能保證自己說出的**任何東西**？)

第三章

經院哲學至啟蒙運動時代

1. 中世紀的詮釋學：阿奎那（約 1225 ～ 1274）

我們的故事不得已地是經過挑選，並將內容濃縮，以便在後面投放更多時間，更詳盡地分析過去二百年來詮釋學思想的最新發展。不過，能意識到從最早期基督教時代（我們迄今已大致討論過的）起詮釋學已具有的**延續性**，這是十分重要的。詮釋學的故事是前後連貫的，但隨著人類的世界觀逐漸演化，它轉變了人們看世界的方式，甚至是思想以及閱讀的方式，這故事同時也會不斷改變。

至少直至十三世紀，中世紀的西方教會多多少少仍是依循奧古斯丁和眾教父的詮釋學。雖然教會為求鞏固「教會和大公的規範」而要列舉一些「權威」，扼殺了早期詮釋者思想的微妙和變化，加上像革利免和俄利根等教父又往往會從屬於拉丁的傳統，在沒有甚麽創新思想，雖然存在著一個嚴重的扭曲因素之下，但詮釋學的**延續性**仍然得以維持。教會作為一個建制，變得空前強勢，不單在神學和屬靈方面如此，在政治方面也如此。事實上，教會的影響遍及民生的各個方面。從前奧古斯丁深深關注如何**閱讀**和詮釋文本，尤其是聖經。可是，到了中世紀，教會的神學和神學臆測（theological speculation）變得傾向與聖經解釋的過程割裂，而神聖經卷（*sacra scriptura*，即聖經）只成了用來證明神聖教義（*sacra doctrina*）的真理。任何與教會的神聖教義有分歧的文獻，也可能會被判為異端，並被投進火裏燒。閱讀，主要是依從法規，並且忠於承傳下來的傳統。同時，受到皇帝查理曼（Charlemagne，約 742 ～ 814）重尋學問的風氣影響（有時會稱為卡羅林復興〔Carolingian revival〕），經文的**註解**（glosses，即「邊註」，又稱為「語錄」〔*sententiae*〕，常常會以神學問答的形式出現）變得與聖經本身同樣重要。後來，這就是馬丁．路德其中一項所關注的事物，他一心要剔除這類「註解」，並單單地向讀者重新介紹經文本身。不過，中世紀的時候，神學的地位堪稱是知識之后（queen of sciences）。

然而，修道院和其他學習場所從事的聖經詮釋學，實際上與早期教父所作的略為不同。還有，從某一方面來看，中世紀的解釋家與馬丁．路德和後來宗教改革的詮釋者很相似：就是說，他們都強調讀者在閱讀聖經時先前的**態度**（prior disposition）。他們堅持，當你閱讀聖經的時候，你的思想（mind）和靈（spirit）必須**首先**進入恰當的屬靈狀態。你要先祈禱，保證忠於教會，**然後**才能閱讀神聖的文本（sacred text）。這徹底地是一種信之詮釋學！如果現代的詮釋者要強化自己鑑別的能力，甚至是懷疑的能力，才能確保一個正確的閱讀，那麼，中世紀的讀者（當時極少會是女性）就是先跪下來祈禱。

另一方面，中世紀的學者在多方面沿用教會的傳統方法——基本上有四方面，分別稱為**字面方面**、**寓意方面**、**道德方面**，以及**屬靈性方面**（anagogical，最後一個字是源自希臘文，一般解作「宗教的」、「屬靈的」，或有時為「神祕的」。在這裏，這字指涉到一種對屬靈奧祕的理解，繼而指涉到人生終局的奧祕）。法蘭西方濟會的學者呂拉的尼古拉（Nicholas of Lyra，約 1270 ～ 1340）用一首詩來形容這四種閱讀方法：

> **字面**告訴我們上帝和我們眾父所行的；
> **寓意**告訴我們何處會找到自己的信仰；
> **道德**意義給我們每日生活的準則；
> **屬靈性**告訴我們何處會結束自己的奮鬥。
> （摘引自 Jeanrond, *Theological Hermeneutics*）

聖經往往不只提供一個意思，而閱讀聖經的方法亦不只一種，這樣便可在多個層次上產生出聖經的豐富。聖經教導我們歷史，叫我們洞悉信心和信仰的奧祕，又指導我們日常生活的道德操守。最後，它亦指示出我們的結局將會如何，並萬物又會如何在上帝裏頭得著圓滿。因而，一方面，如果我們根據尼古拉的看法，那麼，閱讀聖經就是一種或一連串管理著生活各方面的活動。可是，另一方面，如此區分不同種類的閱讀，又會促使在神學的「知識」領域內劃分出不同的學科，而最終會引致實際地貶低了聖經經文本身的價值。

從最偉大的中世紀神學家（或稱經院哲學家）阿奎那的作品中，可以最清楚看到上述這方面。阿奎那研究的核心只有一個字——**理性**（reason）。不過，阿奎那運用這個字，與我們的用法很不一樣。阿奎那的「理性」，就是指與上帝的思想契合——這是以上帝為中心，而不是如後來所發展的以人為中心，並以人類思想的能力為基礎。不過，對阿奎那而言，神學仍是一門知識和學術工作，而這在他的鉅著《神學大全》（*Summa theologica*）作出了總結。伴隨著神學的臆測的聖經經文，只是按字面閱讀，單單成了一些證據。面對新學術神學（new academic theology），寓意式閱讀似乎突然消失（雖然仍可見於講章和講道），而中世紀的解釋家則歡喜提出自己的語錄或註解，因而在他們大量的「知識」解釋之下，就經常淹沒了經文本身。

阿奎那絕對**並非**不認真地看待聖經，而是正正相反。寓意解釋的問題是往往會過於主觀（中世紀的講道較常見到這情況），然而，致力於哲學理解的阿奎那，他承認聖經是啟示的主要來源，而且是絕無錯謬的。在《神學大全》的起頭，阿奎那就寫道：

> 在一些問題上，神聖教義也用上一些哲學家的權威，因他們可以藉著自然理性得知真理，就如保羅引述了阿拉托斯（Aratus）的話（徒十七28）。無論如何，神聖教義將這些權威當作外證和可論證的理據來使用，**卻將聖經的權威當作無可辯駁的證據來使用**。（Aquinas, *Summa theologica*；粗體為筆者所加）

然而，阿奎那至終沒有摒棄聖經的寓意閱讀，他哲學的和本質上理性的思維，總是想視聖經為**先存文本**（pretexts），並用來達至詮釋學真正的目的和本分，那就是教會的教導和教義。

2. 兩大中世紀思想家：艾哈特和托馬斯·肯培

同一時間，中世紀教會中，學院的知識與大眾的敬虔活動之間產生很大的割裂（這情況不時會發生，今天仍是如此），雙方用上截然不同的方式來閱讀聖經。大眾的敬虔活動和宗教斷非沒有詮釋學，而事實上，他們所運用的方法，可能與大學有識之士的解釋策略同樣那般精密。的確，**任何**閱讀也預設了某種的詮釋學。我們已看過，古代聖經的寓意閱讀主要是藉著講道保存下來。因此，在較「大眾」的中世紀聖經閱讀的兩個例子中，我們先會從一個宣講者說起。下文是極端密契主義思想家和宣講者艾哈特（Meister Eckhart，約 1260 ～約 1327）一篇講章的摘錄，值得注意是因為這篇流傳至我們手上的講章，不是用拉丁文寫成，而是用德文——即是他的本國語言，但無可否認那是誇張的德文形式。艾哈特的經文是路加福音十章 38 至 40 節，是論到耶穌探訪馬大和馬利亞的家：

> 他們走路的時候，耶穌進了一個村莊。有一個女人，名叫馬大，接他到自己家裏。她有一個妹子，名叫馬利亞，在耶穌腳前坐著聽他的道。馬大伺候的事多，心裏忙亂。

下文是艾哈特對這段經文的閱讀：

> 路加在他的福音書中寫到，我們的主進到一個小村莊，在那裏受到一個名叫馬大的女人歡迎。馬

> 大有一個妹妹，名叫馬利亞。馬利亞坐在我們主的腳前，聆聽主的說話，而馬大則走來走去，服侍主。
>
> 因著三件事，馬利亞坐在我們主的腳前。第一，上帝的美善抓住了她的靈魂。第二，那是一種無法言明的渴慕：馬利亞滿心渴望，但不知所望的為何事。她滿心渴慕，但不知何以會這樣。第三，基督口中湧出永恆的話語，帶給馬利亞甜蜜的安慰和祝福。
>
> 又因著三件事，馬大走來走去，服侍她所愛慕的基督；第一，馬大的成熟及她之所是的基礎，就是她受過最完善的訓練，並她相信自己最有資格完成那些差事。第二，馬大很有智慧，明白如何盡善盡美履行那些工作，就是愛所吩咐的工作。第三，那是因著她客人獨特的尊貴。（Eckhart, Sermon 21, in *Selected Writings*）

你會發現，艾哈特是一名很出色的中世紀神學家，但同時所吸引的是一羣渴望為生命而努力明白聖經的會眾，而並非一羣想要從聖經中尋找哲學和神學啟蒙的有識之士。我們會將艾哈特的方法稱為**私意解經**（eisegesis），而不是**釋經**（exegesis）—— 即是，前者把內容讀**入**（reading into〔*eis-*〕）經文中，而不是如後者從經文讀**出**（"reading out of" 或 "reading from"〔*ex-*〕）內容。儘管如此，艾哈特好像阿奎那，先從高雅平衡的思索、教義和道德教訓入手，再把那些思想帶入經文，這樣，經文變成那些思想的試金石。我們可能會覺得有點不對勁，忍不住提出反駁：

「可是，那不是經文想**說**的東西。他怎麼知道馬大和馬利亞是因著那幾件事才如此行？」我們看來，艾哈特的閱讀看來決非一個謹慎的閱讀，有甚麼可防止他將一切自己希望的內容讀入經文之中？當然，這樣說是沒有錯的，從某種意義來說，艾哈特**是**將東西讀入經文之內，但重點是，艾哈特正正是刻意要這樣做的，因為從他的屬靈角度來看——借用珍朗德（Werner G. Jeanrond）的說法——「經文變得越來越僅是為神學臆測的工作提供證據。」（摘引自 Jeanrond, *Theological Hermeneutics*）

大約一百年後，中世紀差不多結束之時，另一位德國學者托馬斯．肯培（Thomas à Kempis，或譯「金碧士」，約 1380 ~ 1471）寫下了極具影響力的靈修鉅著《效法基督》（*The Imitation of Christ*〔*De Imitatione Christi*〕）——至少大多數人相信該書是由他寫的。托馬斯．肯培的寫作目的是實用性的（practical），旨在指導基督徒怎樣透過學習基督的人生典範，活出效法基督的生命，從而追求成為完全人。《效法基督》第五章的題目是〈論讀聖經〉（"On Reading the Holy Scriptures"），篇幅很短，下文是該章的全文：

> 我們應該從聖經中尋求真理而不是金句，都應按照經文寫成的精義，來閱讀所有經文。因此，我們應從聖經中尋找靈魂的食物，而不是妙語連珠。我們應該樂意閱讀高尚深奧的書籍，又閱讀簡單和敬虔的書籍。不要受作者的名氣影響，亦別管他是否學識淵博，只是讓愛慕真理的心吸引你閱讀。不要問：「這是誰說的話？」卻要留意說話的

> 內容。人都會過去，但主的話卻會永存。
>
> 上帝會用不同的方式向我們說話，並不看人的情面。不過，好奇心不時會妨礙我們閱讀聖經，因我們想要分析和爭論好些本應忽略和單純接受的事情。如果你想得益處，便要帶著謙卑、單純和相信的心閱讀，不要在意自己看來是否有學識。隨意發問，並安靜聆聽聖徒的話，耐心傾聽教父的比喻，因他們都是本著好意才說出來。
>
> （Thomas à Kempis, *The Imitation of Christ*）

此處所強調的是單純（simplicity）過於學識，側重的是**字面**的閱讀，過於浮誇的寓意推測或「艱澀」的解釋。從很多方面來說，托馬斯．肯培預視著在他之後不久出現的新教宗教改革家，但同時他本人又與阿奎那相距不遠。對托馬斯．肯培而言，閱讀聖經不是要沉醉於知識的迸發，卻是要「打醒十二分精神」，學習**聆聽**聖徒和教父的話，那就是教會的列祖，上帝就是藉著他們說話。你由此可見托馬斯．肯培仍是典型中世紀的人，仍把早期的教父註釋（*catena*）或文集（collections）加入聖經。此外，正確的閱讀並非只有一種，而是有多種，讀者可以各種適合的方式「聆聽」上帝的話。在《效法基督》這本廣泛閱讀的作品中這篇簡短「篇章」，是叫人目眩的時刻，那就是中世紀詮釋學逐漸被宗教改革的詮釋學所取代，而宗教改革的詮釋學所強調的是個人要存著謙卑單純的心聆聽聖經中上帝的話語。當然，宗教改革運動決非這麼簡單——至今你可能也是這樣想，而我們亦將會看到，事情確是如此！

3. 基督教的人文主義：伊拉斯姆（1466/9 ～ 1536）

荷蘭人文主義者（humanist）鹿特丹的伊拉斯姆（Erasmus of Rotterdam）也是關鍵人物，既回顧中世紀的世界，亦展望宗教改革運動和現代世界。伊拉斯姆是博學多才的學者，他依循奧古斯丁的希臘柏拉圖式傳統，謹慎地及鑑別地閱讀早期教父的作品（但不只是中世紀的教父註釋），又混合字面和寓意的角度來理解聖經本身。同時，伊拉斯姆極其熟悉拉丁和希臘的古典文獻，並且他是其中一位最先堅持要求一份「正確」和具學術性的聖經抄本，他透過運用不同的抄本，編成了幾乎是第一本以鑑別學方式編成的新約希臘文版本，再由他將之翻譯成古典拉丁文。雖然這版本在很多方面都有缺陷，伊拉斯姆卻在此舉動中，伊拉斯姆預示著現代的學術，那就是設法要建立盡可能「與寫成之時一樣」的文本。身為人文主義者，伊拉斯姆卻在作品中作出嚴厲批評，甚至對人不敬（例如他最出名的著作《愚人頌》〔*The Praise of Folly*〕），使他成為備受爭議的人物，惹得西班牙異端裁判所（Inquisition）和其他教會人士的憎惡。看來，學習總是很危險的事情！

伊拉斯姆堅持建立正確的新約經文，強調應用學術的原則，從而修訂不同抄本的異文閱讀，這源於他一個信念，就是相信聖經是上帝啟示的道（the revealed Word of God），而且我們有責任盡可能準確保存這道。伊拉斯姆認為，閱讀聖經是一種文本和讀者的交流，經文的奧祕在閱讀過程中被揭示出來，讀者便會產生一種轉化（transformation）。就理解聖經的問題上，這觀點實在是一種極之革命性的轉變，因為焦點已從過去著重把聖經當作神學和傳統的「引證文本」

（proof text），變成現在承認在閱讀行動本身所具有的交流時刻的重要性。這是一種動態和互動的過程，充滿生命力，並發生在此時此刻，那麼，伊拉斯姆就猛烈抨擊較早期中世紀解釋家的「冷漠」。我們可以說，伊拉斯姆的觀點是那現在稱為**讀者回應鑑別學**（reader-response criticism）的前身，我們第一章中已碰上這術語了。

不像托馬斯．肯培，伊拉斯姆鼓勵我們成為有學識的讀者，因他表示過：「知識或學習增強思想」，藉此他提到一些比我們至此所碰上的更為「現代」（modern）的觀念。毫無疑問，伊拉斯姆是博覽羣書之人，又相信這樣做本身是好事。同一時間，讀者仍必須帶著祈禱的態度、懷著相信和敬畏的心態來閱讀聖經。這是一種信之詮釋學。不過，伊拉斯姆指出，我們可以博覽羣書，不必只限於閱讀聖經的神聖文本。伊拉斯姆堅持，對從基督教以前的古典作者——如荷馬（Homer，希臘文）和維吉爾（Virgil，拉丁文），及至教父著作——作細仔閱讀，如耶柔米（Jerome，學識淵博但脾氣暴躁的翻譯者，把聖經翻譯成拉丁文的**《武加大譯本》**〔Vulgate〕）及奧古斯丁，只要我們小心避開「不雅的段落」（obscene passages），便會獲益不少。很有趣，此處我們開始看到那特點，就是宗教改革運動想要穩固地區分**神聖的**（sacred）和**世俗的**（secular）文學，然而，伊拉斯姆比馬丁．路德更心胸廣闊。不過，伊拉斯姆確實提出了棘手的問題：有甚麼原則（或甚麼人）可以為「不雅」這類詞彙作出準確的定義？誰有權宣佈我們所閱讀的是合法的？教會帶有一切權柄，是否有權作出決定？抑或可以信任個別讀者為自己作出分辨？又是否存在著一些普遍詮釋學原則，以致我們可以用來引導自己？最後，伊拉斯姆看來提議，若某東西使我們不安，就算是「不雅」。如果我們沒有感到不安，大概就可以放膽閱讀。我們將於本書第七章看到，到了今天這仍是一大難題，容易惹起爭論。（**作為預覽，可參艾略特〔T. S. Eliot〕一九三五年的文章〈宗教與文學〉〔"Religion and Literature"〕，重印並收錄於他的《散文選集》（*Selected Essays*），該份文章嘗試借助「明確的倫理和神學立場」，從而穩定伊拉斯姆看來頗動搖的立足點——要多成功，就由你自己來定奪。**）

下文摘引自伊拉斯姆的著作《基督徒士兵手冊》（*The Handbook of the Militant Christian*〔*Enchiridion militis Christiani*〕），內容十分關鍵。該書於一五〇三年出版，旨在推行一種實踐性的基督教（practical Christianity），推行的方法某程度上是透過閱讀經典作品，但最終是建基於一種穩固的福音知識，那就是視聖經為基督的話語。此時，我們明顯已脫離了中世紀編寫註解和用經文作印證的世界。以下引文有必要很長，因為最好是由得伊拉斯姆替自己說話：

> 你必須相信，不管從仇敵而來的攻擊、試探有多猛烈，只要誠心向聖典（Holy Writ）求助，就能輕易擺脫。不論遇上多大的不幸，閱讀聖經也不會令人難以承受。因此，如果你全心全意投入聖經的研究，晝夜默想上帝的律法，便沒有甚麼可會叫你害怕，你也會準備好抵擋仇敵的一切攻擊。我還要補充，閱讀非基督教詩人和哲學家的作品，只要是具理智的閱讀，便可好好預備基督徒的生命。我們知道巴西流（St. Basil）的例子，他推薦閱讀古時的詩人，因他們本性美善。奧古

斯丁和耶柔米都追隨巴西流的做法。居普良（St. Cyprian）令人歎為觀止，以古人文學之美襯托聖經。當然，我不希望你學習非基督徒的出色文藝之餘，也一併吸收他們差劣的道德觀。我肯定你從古典文學中會找到很多榜樣，有助人正確生活。當然，那些作者很多都是出色的倫理教師。我們又知道摩西的榜樣，他沒有唾棄葉忒羅的忠告。這些閱讀可以令我們成熟，好好預備我們明白聖經。我覺得這樣做很重要，因為人若沒有這種準備，就闖入這些神聖書卷，就幾乎等於褻瀆。耶柔米猛烈抨擊好些人竟自以為有資格講解聖經，儘管他們在其他方面可能很有學識。你便可想像，那些甚麼都沒有準備但又嘗試講解聖經的人，是何等膽大妄為。

我們不必拘泥字面，而閱讀荷馬和維吉爾的作品時，若不從寓意角度來看，便沒有用處。若你也喜歡古典文學，便會明白我的意思。若果古人所寫的不雅段落令你不安，你便要盡可能不要閱讀它們。在所有哲學著作中，我會首推柏拉圖學派的作品，因為它們的觀念和表達手法都跟福音書的很接近。當然，那些作品只需要略讀，任何真正有價值的地方，都應用在及指涉到基督身上。如果在潔淨的人，凡物都是潔淨的，那麼在污穢的人，甚麼都是不潔淨的。任何時候，當閱讀世俗的選集挑起了你的劣根性，那便不要再閱讀了。用清潔的心閱讀聖經，這是基本的原則。（Erasmus, *Enchiridion*, in *The Essential Erasmus*）

上文展示出，一種由早前所看過中世紀詮釋學而來的迷人發展。伊拉斯姆仍閱讀教父的著作，並視之為權威，但又容許我們在閱讀聖經的同時，也閱讀「非基督教」的作者。我們閱讀荷馬和維吉爾的作品時，不應「拘泥字面」，卻要借助寓意的解釋，大概就像一向處理聖經中（如雅歌）明顯情色的文本時所採用的手法。最重要的是留心伊拉斯姆如何運用聖經本身來提供權威，並且建立自己所主張的原則。摩西和葉忒羅的例子，確實似乎證明可以閱讀「非基督教」的作者。然而我們從何處可找出指引，以分辨可接受和不可接受之讀物？首先，我們可以在聖經裏找到：「在潔淨的人，凡物都是潔淨的」（另可參可七 14 ～ 23），從這裏可得到端倪。我們怎樣才能閱讀得最好，特別是閱讀聖經？答案是：閱讀聖經來找答案。

也請留意伊拉斯姆如何評論荷馬和維吉爾那類古典文獻的「思想」和「表達手法」。文本**怎樣**（how）表達一些事，與文本要表達的**內容**（what）同樣重要，故此伊拉斯姆的詮釋學承認解釋過程中存在著**美學**（aesthetics，即文學格式和美感）的問題。這是我們之前沒有實際遇上的觀點，亦是我們當代加拿大學者麥克盧漢所推廣的信念的前身，那名言就是「媒體就是信息」（"The medium is the message"）。或是，更簡單來說，你運用文本，不只要留意表達的**內容**，亦必須留意表達的**方式**。

4. 馬丁 · 路德（1483 ～ 1546）和加爾文（1509 ～ 1564）

在十六世紀爆發的新教宗教改革運動，終於從德國展開（儘管其根源可以追溯至更早），並影響了西方教會有史以來最龐大的詮釋學革命（除其他事情以外）。在此我們只能觸及那複雜情況的表面，並只能指出在一些方面——作為文本的讀者——我們對當時的爭論的虧欠。當時爭論的關注是神學性的，卻在很多方面都根本地改變了我們怎樣閱讀、解釋、理解和**運用**各種文本，那不只是聖經。

我先要說出一點，可能聽來令人意外，卻是十分重要。馬丁·路德的詮釋學事業得以成功，某程度上是由於科技進步，那就是**印刷術**的發明。我們在第一章中所見，詮釋學的轉變與科技的發展通常是並駕齊驅，而後者實際上改變了我們身處的世界，並我們觀察世界的方式。透過印刷，人類的手真的伸延得更遠，並且開始跨進現代世界。路德是一名大學講師，因著印刷術的面世，他才首次可以寄望在全部學生面前，也可放有一本標準和唾手可得的聖經。書籍不再受制於手抄本的變化無常。我們都知道，不管自己多麼小心，抄寫的簡單過程中仍是很容易出錯。但當下情況不再如此。每本聖經都是絕對地一模一樣。此外，書籍亦變得越來越普及化，而不再只是那一份鎖在教會或圖書館中的珍貴抄本。於是所帶來的結果是識字的普及化，就連低收入的和未受過正式教育的人也能認字，因而開始出現地方用語的聖經，如英文、德文、法文等。故此，我們見到伊拉斯姆在他所寫的《勤奮研經訓詞》（*Exhortations to the Diligent Study of Scripture*, 1529）中這樣說（由英文聖經其中一位偉大譯者丁道爾〔William Tyndale〕翻譯這段引文）：「我願上帝叫農夫一面拿著犁頭，一面唱出經文，又願織布工坐在紡織機旁邊，看聖經消磨時間。」

聖經現在是屬於所有人，即使是普通工人，而且聖經亦擺脱了研究和修道院的限制。不過，我們必不可太心急。雖然路德是一名宗教改革家，但好像伊拉斯姆一樣，他亦是一名中世紀的學者，他也是接受中世紀經院哲學的神學訓練的。路德起初是以從前四種意義的角度來閱讀聖經，後來則漸漸摒棄寓意和屬靈的閱讀，並反駁説：「我知道這些只是垃圾。」路德摒棄這兩種讀法的原因，與博學多聞的阿奎那的反對原因不同，路德著重的是解放聖經，讓聖經與讀者的主觀經驗作出互動，而不是用它來實體化（substantiate）教會的神學。儘管路德的著作並不完全貫徹始終（他不是思路特別清晰的思想家），但他基本上著重聖經字面的、**借喻的**（tropological）或道德的意思。路德批評，教會作為建制所擁有的是權力和腐敗，而在他的批評中，透過訴諸經文「清楚」或「自然」的意思，他堅持聖經才是惟一的準則和傳統的仲裁者。路德集中考慮歷史的和文法的解釋原則，並專注於釋經，他仍重視教父的傳統，但不是由於他們提供任何權威或甚至合法的傳統，而是由於他們本身是稱職的詮釋者。讀者只要面對著經文，而沒有教會和教會的神學的介入，但讀者又要設法避免「多重」的意思。在一五一三至一五一四年於威登堡大學（University of Wittenberg）的講課中，路德堅持每一個學生都要有一份文本作個人參考。我們可稱那是首次的「現代」課堂，而路德給學生的忠告亦很清楚：「要理解上帝的話語，必需借助經驗。上帝的話語不只是用來重複或學習，卻是要活出來，並親身感受。」

關鍵字是「經驗」（experience），那不是指到對神學或教會教導的知識。路德根本沒有把聖經當作歷史記載來閱讀——只是後來到了十八世紀，這議題在詮釋學中才變得重要。路德的閱讀肯定是**從基督論出發**，而且無可否認是主體性的（subjective）。更直截了當地說，聖經的話語就是基督向讀者說話，也就是基督自己的話語。甚至舊約的書卷也是一樣，儘管路德明顯強調的是新約的某幾卷書卷，其中特別是保羅的羅馬書和加拉太書、約翰福音，以及彼得前書（路德反猶太主義的傾向乃是眾所周知，是不能否認的）。不過，在路德的詮釋學中，詩篇的「我」確實是基督親自向我們各人說話的聲音。因而，簡而言之，閱讀聖經，就是來到基督自己跟前，而基督就是向個別面對經文的人說話。路德又堅持：「世上沒有一本書寫得比聖經更顯淺易明」。

不過，我們仍不應以為閱讀聖經是一件容易的事，而路德亦沒有向我們提出任何捷徑，以致可繞過那必然遇上的解釋的荊棘叢林。路德始終是一位教師，並且他在其以賽亞書註釋的序言中提醒我們，讀者需要接受裝備，清楚認識經文及其作者的起源的歷史（我們會略為訝異，忙於耕地的農夫以及忙於織布機前的織布工，如何能夠做到這要求）。不可少的是，身為解釋者的我們不得不承認帶有自身的限制，又可能會產生誤解。路德沒有向我們提供一種決定性的做法，而是提供向前邁進的途徑。信義宗（Lutheran）的思想後來傾向聖經基要主義（biblical fundamentalism），並絕對非智性地相信字面的默示，這與路德的思想相距甚遠。

然而，唯獨聖經（*sola scriptura*）的原則被穩固地建立起來，至終任何其他權威或註釋都不是必需的，因聖經就是聖經本身的解釋者——以經解經（*scriptura scripturae interpres*）——而且它又是**一切**解釋之源頭。路德寫道：

> 這原則是真正的試金石，所有書卷也要受到這原則評審，看看它們是否極力主張基督，因所有聖經都是指向基督，保羅亦不知道別的，只知道基督〔林前二2〕。（摘引自 Grant, *A Short History of the Interpretation of the Bible*）

我們閱讀時，我們是先從字面的意思入手，隨著經文**揭示**（discloses）或啟示上帝的話語，就會從字面的意思產生出屬靈的理解。（**我們需要清楚，對於路德來說，聖經嚴格上不純粹只是上帝的話語，而是用來接近上帝話語的途徑。因此，路德自己把聖經翻譯成德文時，他的翻譯是相當自由，甚至差不多到了改寫的地步**。）我們必須致力從事解釋的工作，而我們對世界的理解便慢慢地被基督轉化，從而為文本的矛盾提供一統一的焦點（路德很意識到聖經不總是一致，有時確實自相矛盾）。

對於路德、伊拉斯姆和所有較早期的基督教詮釋者來說，讀者的**態度**始終最為關鍵：我們必須先以祈禱開始，繼而用相信的眼睛來閱讀聖經，這樣，透過閱讀聖經又會強化我們的信。不過，雖然這明顯是一種信之詮釋學，但其實最少原則上，這亦是一種懷疑詮釋學，因為藉此，我們的信得以增長，那就是在一種典型的循環過程中，從普遍的信，到特殊的探究，再回到普遍的信，在過程中信仰便得到強化。

我們也需要承認，對於路德來說，我們解釋聖經，而聖經同樣也解釋我們。下文是路德自己在《桌邊談》（*Table Talk*）中的說話。請細心把它與幾頁前伊拉斯姆《基督徒士兵手冊》的引文作出比較：

> 聖經充滿神聖的恩典和美德。異教徒的書籍不會教導信、望和慈愛；它們完全不會提到這些方面；它們只凝視於目前，那就是人類用自己肉體的理性可以掌握和領會的事物，在其中絲毫找不到對上帝的盼望和信靠。不過，且看看詩篇和約伯記怎樣處理信心、盼望、聽從和祈禱。總而言之，聖經是最崇高、最好的書，面對各樣痛苦和試煉時，它仍滿滿帶來安慰。它教導我們看見、感覺、抓緊，並領會何謂信、望和慈愛，這遠超人類的純理性所能及的；當邪惡壓迫我們，聖經教導這些德行會如何光照黑暗，並當我們在地上渡過貧窮可憐的一生後，又怎樣會有另一永遠的生命。
>
> 我們不應憑純粹理性來批評、解釋或論斷聖經，卻要以祈禱殷勤地默想聖經，並尋求它的意思。魔鬼和試探也給我們機會，透過經歷和操練，從而學習和理解聖經。
>
> 離了這些，不管我們多努力閱讀和聆聽聖經，也永不會明白。聖靈定要成為我們惟一的主人和導師；讓年輕人向這位導師學習，應不以為恥。當我發覺自己受試探侵襲時，我便會立時抓緊耶穌給我的聖經經文；那就是：耶穌為我死，因此我有無限的盼望。（Luther, *Table Talk* 2, 4）

路德與阿奎那同樣注重神學，但對於路德來説，神學只是**始於聖經，又是終於聖經**，超過一切純粹「理性」。

日內瓦的加爾文（John Calvin）是另一位宗教改革運動的偉大人物。他曾受過律師的訓練，其思想比路德更有條理，儘管常常是固執刻板（後來被稱為**加爾文主義**〔Calvinism〕），但這其實更合乎我們所見伊拉斯姆那種人文主義的傳統。加爾文的聖經閱讀，乃是根據理性反省、自我理解和常識，因他堅稱：「我們若不認識自己，就不能認識上帝。」對比於路德的情況，加爾文的讀者較少是獨行俠，而是會在社會的處境中解釋經义，同時又把他或她的創意想像帶進經文中。此外，如果路德是始於一種基督論的解釋，那麼，具律師思維的加爾文就是依賴「聖靈的內證」（internal testimony of the Holy Spirit）來肯定聖經的解釋。另外，如果路德會把聖經送給所有人，加爾文則很清楚，信不是賜給所有人，不是人人也能明白聖經的話語。

加爾文也有自己的詮釋循環。現代加爾文的註釋者埃爾伍德（Christopher Elwood）就這樣説：

> 但是，我們怎樣知道上帝在聖經中說話？我們知道，因為我們經歷到上帝在聖經中說話。這是說，上帝的靈向我們作見證，或向我們肯定聖經是上帝的話語，故此我們可以肯定聖經是上帝的話語。在這點上，加爾文的推論似乎是循環的，但那循環並非出於無意識的。透過引證或訴諸上帝話語以外的準則，從而建立聖經的權威，這便會產生另一種比聖經更高的權威，以致我們需要依賴那權威，才相信自己閱讀聖經時，確是聽到上帝的話語。可是，聖經不需要任何外證。（Elwood, *Calvin for Armchair Theologians*）

似乎，文本以外無一物。我們將會看到，透過一連串處境上奇妙的配合，現代或後現代的文學理論（literary theory）亦達到同樣的結論，儘管在方程式中剔除了上帝，而文本變得**自我**認證（self-authenticating）。不過，加爾文和當代法國思想家德里達（Jacques Derrida）之間，仍存在一種奇怪的詮釋學相似性，在第六章我們會再作探討。

最後，加爾文把聖經置於歷史的處境中，預視著另一個重大的詮釋學議題，因讀者必須鑒賞的不單是自己的思想，還有**聖經作者的思想**，就是那存在於文本的寫作中，並先於教會的神學和權威。在第四章討論到十九世紀初士來馬赫的著作時，我們會再回到這個原則。我提到這點是想指出，在詮釋學的歷史中，我們以不同的外貌，處於不同的環境，卻是不斷回到相同的議題。確實，日光之下無新事！

5. 理性時代

我們從偉大的宗教改革家身上已可看到一種轉移，就是從奧古斯丁的世界觀，變成另一種看事物的角度，改變了我們整體對實在的看法，以及理解自己和理解世界的方式。同樣地，詮釋學亦徹底地轉變。我們怎樣閱讀，在乎我們怎樣觀察和理解世界，例如，到底我們是否相信上帝存在。路德和加爾文都是那種很敬虔的人，他們在很多方面所引發的詮釋學轉移，卻具有某程度的諷刺，因那種轉移竟然是從徹底**以上帝為中心**（theocentric）的世界觀，變成**以人為中心**（anthropocentric）的世界觀。不管二人如何設法避免和否認，情況變成這樣的原因，是由於他們的詮釋學打開了通向主體主義（subjectivism）和個別讀者思想的途徑，因而促使人們主張，人的思想才是解釋文本的先驗官能（prior faculty），即使是聖經也不例外。

法國人笛卡兒（René Descartes，1596～1650）是「理性時代」（age of reason）首位重要的哲學家，其拉丁文的著名格言 *cogito ergo sum*（「我思，故我在」〔I think, therefore I am〕）標誌著現代性（modernity）的來臨及隨之而來的幾方面：神聖的和世俗的領域的清楚劃分；越發焦慮關於上帝的存有（being）本身甚至祂的存在；相信人類的理性和邏輯是有能力理解自己，而無需神性的指引。簡而言之，我們閱讀聖經前，不再需要祈禱了。可以說，我們是從開放的思想（open mind）出發了。我們現在可以藉著自己的思考能力，獨立於上帝之外而解釋和定義自己，甚至解釋和定義我們的存在和所處身的世界。如果奧古斯丁知道情況會變成這樣，他可能會極度心寒，我們至此所介紹過的解釋家也會有此感覺。

人類對詮釋學的自我意識出現這種徹底變化的後果，我們將會簡略地以德國學者克拉頓尼烏斯（Johann Martin Chladenius，1710～1759）作為例子，他在人生最後的年頭擔任了埃朗根大學（University of Erlangen）的神學、修辭學和詩學教授。雖然克拉頓尼烏斯是一位很顯赫的神學家之子，但作為一位學者，他卻並非主要關注神學，甚至不是特別關注聖經。單單基於這點，克拉頓尼烏斯就與我們至此所探討過的詮釋者截然不同。與他們不同的是，克拉頓尼烏斯很重視文本（一切文本）解釋的理論研究，並以此作為研究本身的目的。克拉頓尼烏斯寫了一書，其書名非常累贅，稱為《合理的言說和寫作的正確解釋導論》（*Introduction to the Correct Interpretation of Reasonable Discourses and Writings*, 1742）。這書是其中一部最先有系統地研究詮釋學的論文，是把詮釋學本身作為一門研究的學科，而不是為了主要屬宗教的、神學的或甚至倫理的課題而寫的。當下，詮釋學成了更像是學院裏一門**世俗**的學科，它與哲學的關連比與神學更密切。留意克拉頓尼烏斯的書名標明「合理的」(reasonable) 這字。對於克拉頓尼烏斯來説，從現代角度理解的「理性」(與人的思想有關) 這字——異於阿奎那所理解的 (與上帝的思想有關)——是各樣正確解釋研究的核心。

按照克拉頓尼烏斯的看法，文本以及文本所要求和激發的閱讀行動，其目的是為了達到「完全理解」(complete understanding)。我們最終必不可留下零碎未決的問題或含糊的部分。合理的思維和常識是我們首要的工具，以致促使這種理解發生。最重要的是，我們一開始便要作謹慎的讀者。克拉頓尼烏斯堅持:「人應該懷疑所有事物。」不要用信接受任何事，這徹底地是一種**懷疑詮釋學**！對克拉頓尼烏斯而言，憑信接受任何事，這都是不合理性的，以及最為不智的。不過，克拉頓尼烏斯坦白承認，完全的理解是既困難又複雜的，惟有付出極大的努力，並以謹慎研究為基礎，才能做到。克拉頓尼烏斯承認，不斷摸索通常是找到正確方法的不二法門，而最佳方法可能是找一位有經驗的教師，而「那人是完全理解該書，並知道我們需要掌握甚麼觀念」。克拉頓尼烏斯是徹頭徹尾的大學教授，毫不遲疑地尊重學術！

無可否認，克拉頓尼烏斯不是令人興奮的思想家，儘管他對我們有用，因他反映出當時代的人是怎樣的。「閱讀」落在他枯燥並富學術性的雙手中，就變成了一門知識，要用理性和科學方法處理，並所有期望都是要得出最終清楚和正確的答案。所有文本的誤解，都必定是由於故意的及違反理性的。最後，克拉頓尼烏斯斷言：「一個解釋必須正確。」不過，有一點很有趣，值得一提：當克拉頓尼烏斯論到聖經的解釋時，卻作出很重要的區分。下文摘引自《合理的言說和寫作的正確解釋導論》的第四章：

> 神學主要是靠著聖經的解釋而來。因此，經年來，很多人付出了極大努力，從而搜集適合用來解釋聖經的法則。詮釋學能有助其承認，單靠詮釋學本身無法決定內容。聖經是上帝的作品，因而很多法則用於聖經是較為確定的，但對於人的書籍，就未必如此。可是，很多於這裏可能有用的法則，卻根本不能應用。啟示錄帶有自身獨特的鑑別學，是遠超越這方面——即是書中有些奧祕和預言，那不是透過哲學而是藉著啟示，才能引導我們明白它們的。啟示錄是寫給全世界的書，而它的解釋具有獨特的影響，這種解釋亦只能在上帝的作品中才被引介。隨著時間過去，當那些解釋聖經的普遍法則變得更多人知曉、更為精確時，那些法則的有效性便會有目共睹。（摘引自 Kurt Mueller-Vollmer, ed., *The Hermeneutics Reader*）

顯然，儘管有幾分格格不入，克拉頓尼烏斯仍然立於新教的傳統中，認為聖經是神學的源頭，但只此一次，他邏輯的思想悄悄溜進一種很不合邏輯，甚至令人尷尬的論點。從以上的引文清楚可見，克拉頓尼烏斯認為，存在著兩套解釋法則，一套是用來解釋聖經，而另一套則用來解釋所有其他書籍。神聖的聖經在文本的性質上是與眾不同的，因為聖經是「上帝的作品」(work of God)。早期的詮釋學亦有暗示神聖的和世俗的文本的區分，但從未如此清楚及全面地陳述出來。這種區分意味著實際上有**兩種**詮釋學的存在，一種是用於聖經，而另一種則是用於所有其他文本(克拉頓尼烏斯真正關注的是後者)。這種割裂會帶來兩種可能結果，一是變成聖經基要主義，乾脆摒棄聖經閱讀會碰上的嚴重詮釋學問題；或者是認為根本不可能閱讀聖經，任由聖經留在彼岸，與全世界其餘的文學沒有瓜葛。克拉頓尼烏斯仍認為，聖經是「上帝的作品」(他這樣相信的原因不明)，這導致「它的解釋具有獨特的影響」，而基本上他寧願乾脆完全忽略聖經。故此，詮釋學中的理性步步進逼，嚴重威脅到聖經的傳統**權威**，除非你選擇徹底放下理性，而單單憑信閱讀。不過，現在前所未有地，你可以作出選擇—踏上神聖之路，還是世俗之路？實質上，它們是兩種的詮釋學。

總結

我們可以歸納這一章的重點如下：

1. 中世紀的詮釋學實質上延續了早期教會教父的詮釋學。
2. 阿奎那和經院哲學的傳統追求一種臆測的神學，由聖經提供引證文本。聖經的解釋本質上與神學研究分開了。
3. 艾哈特身為講道的人，透過**讀入**而不是**讀出**的方式來閱讀聖經。托馬斯·肯培認為，閱讀聖經是在朝向效法基督的路上「聆聽」神性的聲音。

4. 路德受到唯獨聖經的原則啟發，又借助印刷術的新力量，他鼓勵人人也要自己閱讀聖經。與人文主義者伊拉斯姆不同，路德不鼓勵人閱讀其他文學作品，而只單單閱讀聖經。
5. 克拉頓尼烏斯將一切都統攝於人類**理性**的指導—但除了聖經之外，聖經乃是「上帝的作品」，因而與其他文學作品分別開來。
6. 我們當下必須選擇信之詮釋學，還是懷疑詮釋學。十九世紀初的浪漫主義者（Romantics）就是面對這種困局，而我們下一章將會作出探討。

活動和問題

1. 阿奎那的詮釋學有甚麼主要的優點和弱點？
2. 我們往往傾向懷疑**讀入**的方法，並通常主張，若果文本沒有那東西，我們便沒有權把那東西強加進去。不過，我們其實可說，**所有**閱讀都包含讀入的元素，從哪方面或哪些方面來說，這情況是真的呢？
3. 伊拉斯姆出名反對教會的教條，而他著名的作品《愚人頌》中，他甚至抨擊「神學家」是靠不住的，似乎包括保羅在內。請細心閱讀以下摘引自那部著作的引文，並考慮當中帶出關乎聖經和神學解釋的問題。我們應要信任誰？或信任甚麼？伊拉斯姆投訴：「神學家被允許把天國（即聖經）當成一片羊皮般拉開。如果我們信任懂得五種語言的耶柔米，那麼，保羅就是寫了好些自相矛盾的話。當保羅向雅典人講話時，他曲解了他在祭壇上所看到的字，以用來支持基督教信仰，卻省去不適合他目的的部分，只抽出結尾的話『未識之神』。真正的碑文是『獻給亞西亞的神明、歐洲的神明、非洲的神明、未識之神明，及陌生人的神明』。我覺得，今天的神學家也依循保羅，為著自己的目的，從上下文抽出幾個字，甚至改變文意……他們錯誤的釋經沒有限制。他（某位不知名的神學家）從路加福音榨取幾個字，解釋得與基督的靈大相徑庭，簡直水火不容。」（摘引自 *The Essential Erasmus*）

4. 路德和加爾文的詮釋學思想中帶有甚麼特色，以致你會用「現代」來形容？二人怎樣改變了從中世紀流傳下來關於**神學**的特色？
5. 神聖的詮釋學和世俗的詮釋學是否仍必需二**選其**一？我們是否仍需要過兩種生活？還是，我們這時代有可能再重新結合神聖的和世俗的閱讀？你認為理性時代之後，是否可能藉著恰當的詮釋學證實聖經的權威，與所有其他文本的相對？

第四章

士來馬赫和浪漫主義時代

1. 聖經和歷史

我們逐漸接近十九世紀，便越會隨處可見深深以「啟蒙運動」原則作為基礎的聖經鑑別學和詮釋學，那是指到，在哲學稱之為在閱讀及解釋上以「經驗性的」(empirical) 態度運用理性，而英國作者科林 (Anthony Collins，1676 ~ 1729) 則指出，那是「文法和邏輯的共同規則」。聖經於當時受到自覺性的鑑別所審視，不時會被視為有趣的古代著作，多於神聖的文本。一七二四年，科林出版了一本書，名為《論述基督宗教的根據與理由》(*Discourse of the Grounds and Reasons of the Christian Religion*)，而先前於一七〇七年亦出版了《關於理性運用文集》(*Essay Concerning the Use of Reason*)。科林的著作很重要，因他主張早期的基督教，在本質上是文學上改編了希伯來聖經早期的敘事和經文。換句話說，很大程度上，基督教是來自某種**閱讀**舊約的特別方式，將舊約視為新約事件和人物的預表、寓意和預言。於當時，文學歷史的研究竟然自信可以回答基督教本源和本質的問題。(我們已看過，這種觀點有幾分真確，但事情不止於此。然而，對某些人來說，這可能是可爭論的重點。)

科林是一位宗教上的自由思想家(freethinker)——這是新類型的詮釋者，與我們至此曾分析過的詮釋者(甚至克拉頓尼烏斯在內)頗為不同。你會記得，克拉頓尼烏斯渴望保護聖經，免受自己其他理性的理論所侵蝕。但是，科林看來，聖經必須與其他文本一樣受同等待遇。在十八世紀，很大程度上，詮釋學和聖經的解釋終於脫離了教會和追求敬虔與宗教的讀者，轉而聚焦在學院和大學裏，以及那些研讀聖經的目的主要是為了學術的緣故的讀者。

在那世紀的英國和德國，閱讀聖經成了學術的和以**懷疑**的態度進行的的活動。季本(Edward Gibbon，1737～1794)的鉅著《羅馬帝國衰亡史》(*The History of the Decline and Fall of the Roman Empire*, 1776～1788)定下一種歷史探究的新標準，逐漸朝向減少或毫不重視信仰、宗教信念那些具影響力的主張。

再早一點，德國人來馬魯斯(H. S. Reimarus，1694～1768，他是漢堡高級中學〔Gymnasium〕東方語言學的教授，但他死後，其著名的作品《殘篇》〔*Fragments*〕才由萊辛〔G. E. Lessing〕於一七七四至一七七八年出版)嘗試透過閱讀福音書而重尋失落了的「歷史耶穌」(historical Jesus)，他將福音書看為早期基督徒匠心獨運的成果，就是透過臆測和神話化的過程，從而闡述本來簡單的「事實」(facts)。聖經被當作成是東方的故事來閱讀，而且借助理性、語言學和現代學習的工具，便可能重尋耶穌的真正形象。來馬魯斯是很重要的破舊立新者(iconoclast，或「偶像的破壞者」)，他有時會被譽為最先從事「追尋歷史耶穌」

的學者。但必須澄清的是，來馬魯斯的目的明顯是反神學的和反基督教的。對來馬魯斯而言，歷史的冷光一照出來，宗教的信念便告消失，而其目的旨在指出，真正拿撒勒人耶穌一經重新發現，便不可能再成為基督教信仰的基礎。下文很快會再進一步論及，詮釋學發展中這種**歷史鑑別學**的興起。

（至此，肯定已清楚可見，詮釋學和神學是永不分離的。來馬魯斯實際上是利用了**歷史**上之耶穌和**信仰**上之基督的潛在劃分。宗教改革家墨蘭頓〔Philipp Melanchthon，1497～1560〕的焦慮言辭，就表達出那種潛在的劃分：「除非人知道何以基督會成肉身，並且受難，否則就算知道他生平的歷史，那又會有甚麼好處？」而來馬魯斯乾脆把這想法顛倒過來。如果對於墨蘭頓來說，信仰上的基督先於歷史上的耶穌，又向我們啟迪歷史上的耶穌，那麼，對於來馬魯斯來說，歷史上的耶穌一經某種特定聖經閱讀重新發現出來後，便會擦掉信仰上的基督。）

另一個值得一提的重要人物是倫敦的主教洛思（Robert Lowth，1710～1787）。像科林一樣，他很關注希伯來聖經的文學，但他比起科林更有學識，又是一名出色的希伯來語專家。一七五三年，洛思（用拉丁文）出版了他牛津大學的講稿《論希伯來人的聖詩》（*On the Sacred Poetry of the Hebrews*）。作為聖公會的神職人員，洛思同時又是學者，而且當相對地還很年輕時，他已被選為牛津大學詩學系教授。（在十九世紀以前，詩學系的教授都要用拉丁文授課！）洛思既是希伯來語學者，又是詩人，實在頗有意思，對我們亦十分重要。嚴格來說，洛思重新發現希伯來詩歌的格式和結構，與古典或現代詩歌——主要根據節奏和韻律原則寫成——的格式截然不同。洛思指出，希伯來詩句是根據**平行結構**的原則寫成，詩句間看來以不同微妙的方法彼此重複或幾乎重複。以下兩個例子，可說明我的意思。第一個例子耳熟能詳，見於撒母耳記上十八章7節，以色列的婦女唱出得勝的歌：

掃羅殺死千千，
大衛殺死萬萬。

從掃羅聽到這對二人成就的比較後作出的反應來看，這是詩歌力量的好例子！第二個例子是詩篇六十九篇2節：

我陷在深淤泥中，
沒有立腳之地；
我到了深水中，
大水漫過我身。

詩人是否純粹不自覺地重複了一遍？還是，反之，第二句是某種遞增，使到第一句更富戲劇性？

雖然我們此處並非特別針對洛思所「發現」的專門細節，但必須意識到，這發現是邁向理解聖經為**文學**的第一大步。洛思首先把這些經文當作文學傑作來閱讀，繼而從這角度來得出他的結論。洛思提及「摩西的著作」是一些最早期詩歌的例子，又認為以撒和雅各「受感動發出的祝福」(來自創世記)，都屬於這一類。洛思堅稱，對希伯來人而言，詩歌是最出類拔萃，是「科學和知識最崇高的殊榮」。(**簡而言之，來馬魯斯將聖經看作歷史來研究，而洛**

思則將聖經看作文學來研究——與此同時，神學自己就可能要聽天由命了！）洛思的講稿《論希伯來人的聖詩》先翻譯成德文，一段長時之後才譯成英文，此書卻轉變了我們閱讀聖經詩歌部分的方式，又預示了德國、英國和法國那稱為**浪漫主義**（romanticism）的思想運動與心靈運動的來臨，這樣的說法實在沒有誇大。浪漫主義促使詮釋理論和理解產生決定性的巨變，到今天，我們仍在評估浪漫主義帶來的影響。

洛思講稿十七的標題是〈論情感的昇華〉（"Of the Sublime of Passion"），他強調「詩歌語言」對於運用想像力和「激起情感」有多重要。然而，洛思又直接引用亞里士多德《詩學》的內容，堅持閱讀詩歌不宜煽情，以致情感失控，反之他說：「詩歌的功能是激起情感，引導情感，緩和情感，而不是撲滅情感。」以亞里士多德作為我們的指導，聖經的詩歌和任何其他詩詞的情況都是一樣。（試想像若路德知道這種由「異教的」作者所帶來的重要轉變，他會感到有多可怕！）至於舊約的希伯來經文，那種詩歌活動與敬拜的禮儀運作是直接相關的，又是一種途徑來更清楚了解古猶太人怎樣唱歌讚美上帝。再一次，我們現在看到文學的洞見如何反過來影響神學結論。下文是洛思講稿十九的一段開場白，我們可以留意他如何引進詩歌、音樂和表演的藝術：

> 我認為，希伯來詩歌的起源和最早期的應用顯然可追溯至宗教的用途。用聖詩和歌曲讚美全能上帝；用和諧的感恩和飾物修飾至高者的敬拜；給虔敬的感情加添力量和能源，這一切都是聖樂的昇華

運用。情況很可能是，希伯來人很早期便在公開崇拜中運用聖樂，因而大大促成了希伯來詩歌獨有的特色，形成了那種適用的格式。雖然那格式主要是為了順應公開崇拜的特定目的，但希伯來詩歌在所有其他場合中仍保留那種格式。不過，為了解釋得更清楚，幾個就古希伯來人如何吟誦聖詩的觀察必須首先提出來。（Lowth，摘引自 John Drury, ed., *Critics of the Bible, 1724 ～ 1873*）

現在，這一切如何幫助我們研究詮釋學？嗯，首先留意，洛思提出好些閱讀聖經要注意的地方，實質上都是與歷史有關。對於洛思和其他十八、十九世紀的人來說，閱讀就是回到埋藏在文本之內的歷史起源和環境。只要透過正確的解釋過程，這歷史起源和環境就可以被揭示出來，猶如進行考古學的發掘，從地底掘出埋藏了幾百年的真相。詮釋聖經的人必須小心掃除一層層的塵土，以及後來文化加進文本的東西，為求重尋那藏在純樸壯麗下的真相。第二，洛思（透過亞里士多德）重新發現詩歌文本（像是詩篇）的崇高和情感的能力，從而期盼浪漫主義的來臨。閱讀關係到感受和情感的刺激，而因著洛思的「發現」，我們當下可以懷著與古希伯來人有幾分相似的回應和感受，再次閱讀和頌唱那些詩篇！閱讀聖經最終脫離了教會的牆壁和教會的神學爭論，然而，同一時間，洛思認為（但來馬魯斯肯定不是這樣看），他的著作呼籲神學家，只要願意的話，他們都可以作出回應。儘管如此，那根本的意涵卻是十分清楚的，洛思是要制定一種閱讀的新議程，而在這鑑別詮釋學（critical hermeneutics）的新時代中，一個關鍵的問題被提出：聖經**權威**的本質到底是甚麼？它與其他文學或歷史文本的權威最終是否有所不同？

2. 色姆勒（1725～1791）和聖經的正典

色姆勒（Johann Salomo Semler，1725～1791）是德國哈利大學（University of Halle）的神學教授。他仍然根據信義宗的傳統來寫作，但他亦廣泛關注到詮釋學的理論，和其對我們接收聖經的影響。色姆勒於一本一七六〇年出版的神學詮釋學著作中這樣寫道：

> 簡而言之，詮釋學技巧最重要的是，視乎那人是否正確又準確知道聖經如何運用語言，以及辨別和向別人陳述出聖經言說的歷史環境；又視乎那人是否能夠按照我們這一代已改變了的時局，而在今天講論這些事……詮釋學其餘的一切也可簡化成這兩件事。（Semler，摘引自 Frei, *The Eclipse of Biblical Narrative*）

這是一段相當絕對的陳述，而隨著色姆勒這類學者的出現，詮釋學最終毫無保留地搬到了大學和課室中。從上文可見，博學的教授向自己的學生說話，要求他們在開始認真處理自己的鑑別工作時，要自願暫時放下宗教的信念，並掌握一些特定的技巧。這工作要求精確語言學的知識和學識，以及**文化相對性**（cultural relativity）的清晰觸覺——我們需要敏銳留意**自己**的文化處境，同時又意識到古代聖經文本的文化處境與我們的分別。

色姆勒的工作帶來的重大影響之一，就是使聖經的一致性（unity）變得碎片化（fragmentation），以及打破了**正典**於傳統上的一致性。何以會這樣？我們在第二章中已看到，基督教聖經的正典如何經過幾個世紀的發展，而成為權威的標準，再由路德唯獨聖經的原則帶著確信地重申出來。幾乎二千年來，聖經的正典一向是權威文本集，並藉此衡量和維繫基督教的傳統。簡單提醒一下，於教會最早期的日子，確立那些經文是屬於正典並帶有權威（如四福音），那一些經文卻不是（如次經《多馬福音》），這是十分重要的。雖然當時正典未完全穩定下來（例如，路德認為應該剔除啟示錄），然而，正典的設立可保證聖經的普遍一**致性**，以及保證聖經作為全面文本集的**權威**。（現代學術界中，莫爾〔C. F. D. Moule〕在其《新約的誕生》〔*The Birth of the New Testament*〕中主張，儘管新約的書卷存在矛盾和分別，但新約又確實反映出驚人的一致性，暗示那些書卷被選出來時，上帝的手的確在工作。莫爾的論點並非沒有說服力。）

不過，暫且先轉個令人輕鬆的話題。佩奇（Nick Page）在其《小報聖經》（*The Tabloid Bible*）中提出一些嚴肅的重點，同時又以《太陽報》（*Sun*）或《鏡報》（*Mirror*）等小報的方式交代聖經的事件。佩奇扮演「新聞報導員」而這樣評價保羅：

> 保羅寫信給小亞細亞的眾教會，因而出名起來。很多教會現在都會根據保羅的「書信」，建立自己對基督教信仰的理解。
>
> 保羅說：「我只是想搞清這一切發生了的事意義所在，**明顯地我所有的書信不都同樣重要**。有些書信

是寫給貝里爾姨姨，僅是感謝她所送給我的生日禮物。」（Page, *Tabloid Bible*；粗體為筆者所加）

重點是說，色姆勒的詮釋學認為，聖經書卷不都是同樣重要，不都是可靠的歷史，有些書卷比起其他書卷更真實和有用。在一本論正典、於一七七一至一七七五年間出版的重要著作中，色姆勒質疑「從前一般持守的那宣稱，就是那全本所謂的聖經是帶有普遍和無差別的神性」。精明（並有學識）的讀者必須透過正確的學術準則，辨別那些經文是「可靠」，那些較不可靠，並要學習如色姆勒說：「為自己作出判斷」。

我們此處看到，「所謂」神聖的聖經，以及聖經的一致性和權威，正受到嚴重和直接的威脅。此刻，詮釋學的知識正是與整個傳統對立，那傳統就是認為聖經（按聖經**整體**來說）是上帝的話語。簡而言之，鑑別的閱讀本身威脅到聖經的權威。

艾希霍恩（Johann Gottfried Eichhorn，1752 ～ 1827）是另一位德國學者，擔任哲學教授，寫了大量舊約和新約學術性的「導論」。艾希霍恩一下子拒絕接受大部分的舊約，視之為只是一個近乎史前和簡單的民族所作的原始表達（簡單的，這是對比於德國啟蒙運動學術所定義的文明來說）。艾希霍恩又建議，因為那民族缺乏必需的哲學和語言學技巧，就是「現代」神學所發展並要求的那些技巧，故此惟有從他們雜亂無章的原始表達中，費力地挑選及提取基督教主張的真理和對確性（validity）。藉著詮釋學，不僅是聖經，甚至信仰本身都成了學術的功夫。

這難怪於十八和十九世紀的同一時間，英國和德國的福音派（evangelical）和敬虔運動（pietist movements）都漠視這種深奧的學術研究，而訴諸於不同形式的基要主義式聖經閱讀，就是乾脆主張聖經每一個字都是字面上是真的。英國詩人和思想家科爾雷基乾脆貶抑這種聖經閱讀為「聖經崇拜」（bibliolatry）——盲目地閱讀經文並視之為是神性的。信之詮釋學和懷疑詮釋學之間的鴻溝看來是絕對的，並無法逾越。

3. 康德（1724 ～ 1804）和浪漫精神

我們並不是要捲入哲學或哲學神學的活動中，只是想要分析文本（特別是聖經文本）如何被人閱讀和理解。可是，同一時間，我們又不得不承認，這些活動最終都不能彼此分割。詮釋學決非可有可無。因此，我們進到浪漫主義時代和十九世紀之前，必須先要粗略認識德國哲學家康德（Immanuel Kant，1724 ～ 1804）的重要著作。康德確實改變了西方人思想和思想自己的方式。他的思想和著作龐大而複雜，而我們需要承認，康德的思想和著作比起我們此處提及的內容豐富得多。因著本書的目的，提出兩個重點便足夠了。

康德於一七八四年寫了一篇出名的文章，題目是〈「啟蒙運動是甚麼？」之問題解答〉（“An Answer to the Question: ‘What Is Enlightenment?’”），它的開場白如下：

> **啟蒙運動是人類從自招的不成熟中脫離開來**。缺少了別人的指導，人就無法運用自己的知性（understanding），這就是**不成熟**。如果不是由於缺乏知性，而是由於缺乏決心和勇氣，不肯在沒有別

> 人指導下運用知性，這種不成熟就算是**自招**。因此，啟蒙運動的格言是：勇敢的去求知（*Sapere aude*）！勇於運用你**自己**的知性！（Kant, in Reiss, ed. *Political Writings*）

到如今我們應很熟悉這種態度了。康德仿傚笛卡兒而強調思考，他又仿傚艾希霍恩和其他人，並認為現代人逐漸進到一種前所未見的新成熟程度。在別處，即《純粹理性限度內的宗教》（*Religion within the Limits of Reason Alone*, 1793）一書中，康德把西方宗教「去神話化」（demythologizes），並嘗試證明西方宗教長遠的歷史僅是我們道德感的投射。簡而言之，我們脫離那些幼稚的東西而長大了。

對於文本的讀者來說——忠於我們的特別關注——康德的意思是你不應依賴其他人的**權威**，不管那是教會還是教授。你要自己閱讀。是的，你自己，**你**能像我一樣理解這文本或任何文本（只要你已裝備自己，如語言和語言學等必需的**技巧**）。

第二，更廣義來說，康德質疑「外在」世界的客體性（objectivity）。康德不是暗示「外在」的世界並不存在，卻是指出我們只能藉著自己的語言察覺和理解那世界，而那並非絕對的。浪漫主義有一句名言：「我們感知到的東西，有一半是由自己創造。」換句話說，正如我們在第一章中已看過，我們中間出現的分別，意味到我們會從不同角度來看這世界——那東西在我看來很崇高，在你看來卻簡直可怕。我認為是美麗的，你可能會看為是醜陋。因而，讀者並非默觀那內含「一個意思」（a meaning）的文本，卻是將自己的觀點甚至偏見帶進文本（以及帶進世界）。當然，我們可能會誤解文本（因著無知或固執），但通常我們就是會得出不同的理解，某一種理解不必然比起另一種理解為更好或更壞。這種建議的最終結果，就是一位文學教授所提出一個著名的問題：「課堂中存在文本嗎？還是只有我們？」（那教授就是費什〔Stanley Fish〕，我們在第六章中會再談到他。）

此外，對於康德來說，解釋甚至思考本身也不僅是運用理性，亦必須涉及直覺和**想像**的領域。正如英國詩人布萊克（William Blake）在他的詩〈永存的福音〉（*The Everlasting Gospel*，約 1818）中這樣說：

大家都晝夜讀聖經，
但你讀到黑時，我讀到白。

對於十九世紀初的浪漫派詩人和思想家來說——特別是在英國和德國，像是科爾雷基、華茲華思（Wordsworth）、歌德（Goethe）及荷爾德林（Hölderlin）——先是理性時代過去，繼而康德之後，最主要的問題是如何閱讀聖經，並如何可以既忠於像色姆勒等學者的**鑑別**要求，卻又可按照新浪漫詩歌的角度（強調超自然及**感覺與情緒**的要求）作出閱讀。當時，教會和教會的權威似乎正在瓦解，聖經權威的情況亦是一樣，而他們開始尋找一種新的**神話學**（mythology）——即一種新的世界觀，叫他們可以在那處境下進行閱讀和理解。當時發生了我們現在稱之為理解上的**範式轉移**（paradigm shift），就像是文藝復興和宗教改革取代了中世紀的世界觀時所發生的一樣。簡而言之，人們當時要尋找描述世界的新方式。(因著相對論的「發現」,愛因斯坦的世界觀取代了牛頓的世界觀,這是較接近我們時代另一次科學思想上的巨大範式轉移,這同樣大大影響到我們怎樣閱讀和理解文本。我們稍後到了第五章,會再詳盡探討這方面。)

我們後面將會看到,**神話**(myth)成了十九世紀一個關鍵字。在回顧一些**歷史**中的特殊事件之時——像是耶穌的生平——偉大的浪漫派詮釋者亦竭力將聖經視為**超越時間的**真理的文本,即何時何地也都是真的。(你會記得,來馬魯斯曾設法要找出那特定**歷史上**的耶穌,藉以暗中破壞基督教的主張。)

不過,聖經又是怎樣再次變得與他們的時期相關(別說被視為是真的)?法國大革命(French Revolution)和所謂舊王朝(*ancien régime*)的衰退後,社會政治的世界產生改變,浪漫精神也察覺到這種巨變,因而浪漫精神的另一種特色就是打破和**碎片化**的感覺。聖經本身(延伸泛指一切文本)曾被視為天衣無縫的整體,但當下卻被看為是碎片或一連串的碎片,我們最多可以從其中得著一絲一片的真理和榮耀。閱讀成了既是閱讀書頁上**存在**的字,又是填補空白,要看出不在文本中的東西。當浪漫主義者悲歎自己看見古時事物秩序的瓦解之時,他們亦認為古時的文本最多只是往事破碎的回憶,並將那些文本視為泰半遺忘了之真理的**重構**(reconstruction)。浪漫主義者對遺迹的著迷,特別是對已荒廢了的中世紀修道院,像是泉水修道院(Fountains)或約克郡(Yorkshire)的里沃勒修道院(Rievaulx);延伸至聖經,他們視之為對昔日已逝去世界一個優美而仍有價值、卻基本上破碎了的回憶。詩人華茲華思在〈不朽的暗示〉（“Intimations of Immortality”）中，表達出那種失落感：

> 視象的閃光哪裏去了？
> 榮耀和夢想現在何處？

對於很多浪漫主義者來說，聖經當下與其他文學平起平坐，而且僅是歌德稱為「世界文學」（*Weltliteratur*）中的一員。甚至不像從前克拉頓尼烏斯提出的情況，不再有特別為閱讀聖經而設的詮釋學，聖經被人當作其他書籍一般來閱讀，由得它聽天由命——但我們很快會看到，對於科爾雷基和士來馬赫來說，情況決非那樣簡單。不過，在我們至今一直所追蹤的歷史中，閱讀首次成了一種非由**信**的傳統、上帝及神學主導的活動，而是由**不信**和無神論主導。理性的時代及歐洲政治版圖的轉變，在其中起了不少作用。因而，詩人謝利（Shelley）認為，耶穌只是神話和歷史中眾多詩人和英雄中的一位。對無神論者謝利而言，聖經被當成詩歌及像普羅米修斯（Prometheus，為著人的好處，從眾神祗手中偷去火種，因而受懲罰，然而卻成了浪漫詩詞歌頌的英雄人物）那類的神話來閱讀。謝利用以下壯烈的話結束他的史詩《被縛的普羅米修斯》（*Prometheus Unbound*, 1820），它並非哀歎碎片化，卻是歌頌英雄主義的自由：

> 這就像你的榮耀，泰坦（Titan）啊，
> 美善，偉大又快樂，美麗又自由，
> **惟有這才是生命、快樂、國度和勝利**。（粗體為筆者所加）

4. 科爾雷基：《一顆探究的心》（1840）

不過，聖經詮釋學的故事決非就此告一段落。科爾雷基（Samuel Taylor Coleridge，1772 ~ 1834）是英國浪漫派詩人、哲學家和神學家，他的父親是聖公會的聖職人員。科爾雷基比十九世紀很多人，更先做到帶著不斷懷疑的心，討厭教會所作出的神學和屬靈上的主張，卻又同樣深深意識到聖經的神聖。科爾雷基是個貪婪的讀者，又是出色的語言學家，他醉心研究語言和閱讀過程中所發生的事。事實上，從某些方面來說，科爾雷基的著作《文學傳記》（*Biographia Literaria*, 1817）或「文學生命」（Literary Life）鼓勵讀者，**在閱讀的進行中**作出自我反省。該書與其說是要提供有關科爾雷基的生平、詩歌和哲學的資料，不如說是為了激發讀者反思意義怎樣在思想中產生。當我們閱讀他那本常常公認難讀的書，並拼命要明白該書的意思之時，科爾雷基渴望我們是想及我們自己。例如，科爾雷基會帶你從頭到尾思考一個複雜的哲學論點，然後停下來並提出一個問題，那重點不在於作出解答，而是要使我們明白多一點自己怎樣思考並理解這難題。

科爾雷基死後，他的姪兒亨利．科爾雷基（Henry Nelson Coleridge）編輯和出版了他的「書信」集，名為《一顆探究的心》（*Confessions of an Inquiring Spirit*）。在書中，亨利以下一段文字作「宣傳」，那是值得全段引述出來：

> 科爾雷基先生臨終的時候，把以下論到聖經默示的書信以手稿形式遺留下來。科爾雷基寫作中散佈不少聖經鑑別學，而讀者會在他的信中找到關

> 於大多數鑑別學的鑰匙，編者亦謙卑地相信，科爾雷基懷著熱愛、虔敬和睿智的心，把聖經研究置於其惟一穩固的基礎——那就是深深察覺到上帝的聖潔和真理，並且對那光——上帝自己的形象——的敬畏，那光是上帝在祂所有理性受造物的心中燃點起的。（Coleridge, *Confessions of an Inquiring Spirit*）

請留意，此處強調**理性**（rationality）——科爾雷基始終仍屬於十八世紀的人物。與此同時，閱讀成文的道（the written Word）是要根據一種更優先的**感覺**（feeling），科爾雷基認為那種感覺就是察覺到上帝的聖潔和真理。在科爾雷基看來，聖經的解釋是非理性和理性的恰當交匯——**既是**信之詮釋學，**又是**懷疑詮釋學。他承認，閱讀是始於一種感覺的需要，那是來自他意識到自己的不足和限制。作為讀者來到文本面前，他欣然承認自己「既非公平，也非聖人，卻是——深感到自己的弱點和多方面的缺陷——感到自己迫切需要宗教的支持。」換句話說，科爾雷基閱讀聖經，不是想要作出理解，或是帶著受神聖安慰的思想而來，而是想要撫慰他受傷的靈魂。

對於科爾雷基來說，這樣的閱讀決不暗示任何一種詮釋學的基要主義（hermeneutical fundamentalism）。解決他那種不配和缺陷的最初感覺的方法，並非埋藏在聖經經文**之內**，像那要藉著解釋過程才能發掘出的隱藏意思。反之，科爾雷基認為閱讀就是讀者和文本之間的互動，這亦觸發起一種發現的旅程。下文是關鍵的段落，摘引自《一顆探究的心》書信二的一段開場白：

上一封信中，我說……比起我在所有其他書籍中可經歷到的所有東西，聖經中可**找尋到**我的是更多的……聖經的話語從我內心最深處找尋到我；不管那找尋到我的是甚麼，也證明是從聖靈而來，叫我無可推諉。（Coleridge, *Confessions of an Inquiring Spirit*）

科爾雷基是敬虔的人，但同時又是具高度理解力的聖經讀者。科爾雷基討厭那種他稱作的「聖經崇拜」——就是指到，人們不假思索便假設真理單純在經文中，並寫得清楚又沒有矛盾，或不需經過解釋的功夫就能獲得。像隨後十九世紀的很多學者一樣，他鼓勵我們從鑑別的角度閱讀聖經，**就像閱讀其他書籍一樣**，這樣，亦只有這樣，我們才可能發現聖經的獨一無二。閱讀是一種發現的冒險旅程，尤其是自我發現。

此外，科爾雷基仍遵照詮釋循環的原則，堅持你必須視聖經**為一個整體**，包括不同的、困難的、有時自相矛盾的部分，這樣才能發現聖經是怎麼一回事。你不應挑三揀四，誠實的讀者必不會排除那些自己覺得難解或甚至討厭的片段，像詩篇一百三十七篇著名的最後一節：

拿你的嬰孩摔在磐石上的，
那人便為有福！

不論我們覺得這節經文聽來有多不好受，但這也確是寫在聖經裏面！我們要讀這節經文，就如我們想要了解莎士比亞，就必須閱讀他**全部**的作品，不論是偉大的作品，還是較遜色的作品，是出名的作品，還是較鮮為人知的作品。我用上這例子，因為在《一顆探究的心》一書中，科爾雷基將自己所愛的莎士比亞著作與聖經放在一起，作為另一個文學的重要例子——同樣文采斐然，卻就是不一樣。但莎士比亞的作品與聖經之間的不同，惟有**透過閱讀**，才能知曉。

5. 士來馬赫（1768～1834）和手稿

士來馬赫（Friedrich D. E. Schleiermacher）出生於德國敬虔的世家（pietist stock），同時又是一個非常博學的神學家和哲學家，他寫了好些前所未有的、最抽象和有系統的基督教神學著作。士來馬赫在康德之後寫作此書，所以他多番反省到**認識論**的問題——這是指到思考有關知識的本質和我們怎樣思考和理解的問題。同時，士來馬赫仍留有幾分敬虔者的影子，他相當虔誠，仍會帶著謙卑的心祈禱。敬虔加上強烈的智性主義（intellectualism），這兩個因素成了士來馬赫詮釋學的核心。

士來馬赫從沒出版過任何探討詮釋學的著作—我們只找到他為學生撰寫的課堂筆記「手稿」（handwritten manuscripts）。不過，詮釋學的反省確是士來馬赫關注的核心所在。神學家必須也是會作出反思的詮釋者，總要不斷思考閱讀的過程。我們此處介紹士來馬赫的反省，只能點到即止，但對於此書還要說下去的故事，那些反省的重要性實在不能被過分評估。士來馬赫是第一位現代詮釋者，或者更是最偉大的現代詮釋者。

第一，士來馬赫堅持閱讀是一種**藝術**，文本的讀者必須與文本的作者一樣同是藝術家。從某種意義來說，閱讀與寫作本身同樣具有創意。文本和讀者之間所進行的磋商來自兩種渴望：第一種是渴望被理解（所以我們寫作），第二是渴望作出理解（所以我們閱讀）。讀者為了克服第二種渴望，他便必須接受徹底訓練，並且要「藝術上健全」。不過，士來馬赫堅持，這並不意味這種讀者就可以得出最終的結論，以示閱讀過程的終點和結局。正正相反，「詮釋學的任務永不止息」，每一個解釋只會激發進一步的洞見和新的「對話」，就像我們攀上了一座山，滿以為自己抵達了山頂，後來才發現前面還有更高的山峯，被我們暫時征服了的小山遮蓋了。詮釋學的最終頂峯永遠埋藏在雲海之中。

士來馬赫又堅持詮釋學的原則必須是放諸四海而皆準，聖經和神學家也沒有任何特權。如果那些原則是正確有效，就必定同樣可以應用在所有文本，沒有例外。在這普遍性原則指導下，**一切**解釋都是分成兩部分：

1. **心理**解釋（psychological interpretation）：關乎讀者和文本的相互影響。
2. **文法**解釋（grammatical interpretation）：要求學問，並小心分析文本和其語言的語言和句子結構。

解釋者會不斷遊走這兩極之間，兩極彼此制衡。我們作出任何判斷或得出任何結論，都必須被文法解釋那近乎科學化的要求所測試。換句話說，我們個人的回應很重要，但又決不**只是**個人的。我們必須根據文本本身語言上的要求作出試驗。

文本可能帶有不同程度的**意義**（significance）。這樣說來，文本不都是平等。一般而言，若文本的語言和主題只是普通的，那文本也只會平平無奇。不過，若那文本的思想和語言是超凡而又複雜的，士來馬赫便相信，我們可期望從那文本中找到最重要的意義。

士來馬赫是一位小心且近乎精確的讀者，卻仍不忘自己敬虔的背景，以及其尊敬聖經的態度。在這個士來馬赫主要詮釋原則的簡單介紹中，有兩個重點必須提出。

第一，士來馬赫有一句名言，他強調解釋者的任務是「首先如作者一般理解文本，之後要比作者更深地理解」。起初看來，這句話似乎令人匪夷所思，但只要你停下來想一想，便會發現頗有意思。舉一個例，我可能讀到你所寫的文章，便說：「你知道自己此處想要説甚麼嗎？」或者，你再看了那一段後，便會承認我説得不錯，並且你不太欣賞自己當時所説的話。因而，情況可能是，借助學術研究，再擁有歷史的距離，加上能夠從作者的社會和文化環境擺脱開來，我們就能宣稱，我們能理解保羅書信，**甚至比保羅自己的理解更好**。就是這樣，只要我們是謹慎的詮釋者！我們可能會知道保羅並不意識到的事，因那些事與他太密切了。

第二，從文本個別部分和文本整體不斷相互影響的角度下，士來馬赫明確講解詮釋循環的原則（我們的老朋友）。我們閱讀一部分，我們便開始建立關乎整體的圖畫，然後又會再因應作品裏特定和個別因素的要求，而測試這幅圖畫。

總結

我們可以歸納這一章的重點如下：

1. 十八世紀從信之詮釋學，轉變成懷疑詮釋學，這廣泛的轉變是因著人類理性的運用。

2. 一種現代「歷史」觀的發展及其瓦解性（disintegrative），對聖經正典的一致性和聖經的權威帶來衝擊。
3. 洛思「重新發現」希伯來的詩歌。
4. 康德提出觀念主義哲學（idealist philosophy），又承認讀者具創意的思想。
5. 《一顆探究的心》中，科爾雷基探索聖經如何在他內心深處「找尋到他」。科爾雷基拒絕聖經崇拜。
6. 現代詮釋學之父士來馬赫，以及詮釋學作為科學的發展。

活動和問題

1. 找出希伯來詩歌平行結構的例子，並分析它們運作的方式。嘗試弄清楚不同平行結構的**分別**。
2. 色姆勒和艾希霍恩認為，他們正邁向進步與文明的高速公路，離開聖經中原始卻仍是必需的宗教「開端」，進到現代文化和學習更清澈的光明中。

   當**你**今天閱讀聖經時，在多大程度上你會覺得二人的態度是合理？現在是否可以這樣想？若是不可以，為何不可？

   如果我們認為**自己**比起十八世紀啟蒙運動的批評家更優越，我們豈不是又掉進同一個陷阱，以為二十一世紀的我們比他們更被「啟蒙」？
3. 你是否認為閱讀聖經，可以「像閱讀其他書籍一樣」？請仔細思量這問題。聖經是用人的語言寫成的文本集，為甚麼聖經會**本質上**有別於其他寫作，像是莎士比亞或但丁的著作？
4. 你認為這一章中所略述的詮釋學，是反映出閱讀聖經藝術的進步，還是倒退？請仔細思量你用來回應這問題時所用的**準則**。

5. 從保羅書信中選出一段熟悉的經文，例如哥林多前書十三章的「愛之歌」，並仔細閱讀現代的譯本。從哪種意義來說，我們可說自己比起保羅還要理解該段經文？你認為，為甚麼士來馬赫在他的詮釋學中要如此堅持這原則？

第五章

十九世紀

1. 鑑別精神和相信的意願

如果十八世紀是理性時代，我們也許可將十九世紀稱為科學時代（the age of science）。不過，你可能會問，這陳述與我們詮釋學的主題有甚麼關係？答案是：關係至大。一八五九年，當達爾文（Charles Darwin）出版了他的名著《物種起源》（*On the Origin of Species*），科學看來就要挑戰聖經敘事的真理和準確性。雖然達爾文的進化理論並非完全嶄新，他卻是最先運用謹慎科學研究的敘事來表達出那理論。比方說，如果**從科學的角度來看**，創世記創造天地的記載不可再接受為真的，那麼，那些記載究竟可從哪種意義來說是真的呢？科學已經反駁它們的真理嗎？或在哪種意義上，它們是合法的呢？那些記載是否只是**神話**？「神話」的地位又怎樣？（「神話」這字衍生自解作「故事」的希臘字，後來演變成解作如傳奇或寓言的意思。請查考提摩太前一章 4 節、提摩太後書四章 4 節，並且最重要的是提摩太前書四章 7 節，那論到「世俗的神話和老婦的故事」〔直譯自《新修訂標準和合本》〕。）

雖然達爾文曾獲頒授聖職，但他本身卻是不可知論者（agnostic）。然而，更令人困擾的是，當時好些自稱是基督徒的人，像納塔耳的主教科倫索（Bishop Colenso of Natal），他們不斷挑戰對聖經的神聖起源（divine origins）的傳統理解，又質疑聖經的歷史準確性。在一八六二至一八七九年間，主教科倫索出版了他惡名昭彰的著作《五經及約書亞記的鑑別研究》（*The Pentateuch and the Book of Joshua Critically Examined*），而他則立時被開普頓的資深主教格雷（Bishop Gray of Cape Town）革除主教職任。原來，聖經在主教的手上也不一定安全！

對很多十九世紀的人來說，根據科學的原則從鑑別的角度閱讀聖經，會引起很多有關信仰的大問題，然而他們願意相信聖經真理的心志仍是很強。那些讀者似乎同時陷於信的古代世界和懷疑的現代紀元之間，進退兩難。阿諾德（Matthew Arnold）所寫的〈寫於雄偉的卡爾特寺院的詩章〉（"Stanzas from the Grande Chartreuse," 1855）就生動地描寫了這個境況：

> 巡迴兩個世界間，一個已死，
> 另一個又無力誕生。

現代的聖經讀者看來真是無家可歸。阿諾德則提出一種解決方法，就是純粹將聖經當作**詩歌**（poetry）來閱讀，從而避開科學嚴格的鑑別要求。阿諾德於〈詩歌研究〉（"The Study of Poetry"）一文中建議，「將會越來越多人發現，我們不得不回到詩歌來解釋人生，來尋找安慰，來支撐自己以致能活下去」,「離了詩歌,科學……會顯得不完全」。我們可以進一步說,我們離了詩歌,不但甚麼也不能作,而且當我們閱讀聖經時,詩歌還會成為有助我們的一種解釋者。因此,當我們閱讀保羅書信,碰上「恩典」或「稱義」等字詞時,我們應該理解那些字為**詩意象徵**(poetic symbols),以徹底避免神學的「知識」。

> 簡而言之,保羅運用那些詞彙,是**文學的**詞彙,神學家卻當作成**科學的**詞彙來運用。(Matthew Arnold, *Literature and Dogma*, 1873)

因而,阿諾德將閱讀聖經與研究神學徹底分開——阿奎那和路德可會對這種觀念完全陌生。到第七章,我們會再說說將聖經當作文學來閱讀的觀念。

2. 史特勞斯:《耶穌生平》(1835 ~ 1836)

像士來馬赫一樣,史特勞斯(David Friedrich Strauss,1808 ~ 1874)是德國的知識分子、哲學家和神學家。史特勞斯師承黑格爾(Hegel),而他最偉大的著作便是《耶穌生平》(*Life of Jesus*〔*Das Leben Jesu*〕),該書可能是整個十九世紀詮釋學的歷史中惟一最重要的書。

史特勞斯的著作是徹底的懷疑詮釋學!史特勞斯聖經解釋的研究進路源自黑格爾的哲學,並以科學方法為基礎,這是一個那後來稱為**德國高等鑑別學**(German higher criticism)的例子。德國高等鑑別學就是「從鑑別的角度研究(聖經)作者所用的文學方法和來源資料」(*Oxford Dictionary of the Christian Church*, 3d ed.)。史特勞斯期望可以完全擺脫所有宗教和教義的前設來閱讀聖經，他以兩個清楚的原則來展開福音書的研究：

1. 神蹟沒有發生，但人們相信神蹟，是由於人性如此，這是顯而易見的事實。
2. 所有聖**或**俗的古代歷史也要用同樣方法處理。聖經不會得到優待。

史特勞斯堅持，我們閱讀聖經，「完全是立於神話－詩歌的境地」。不過，與阿諾德不同，史特勞斯不太重視詩歌，他認為詩歌不過是很原始的東西，而且可以被現代科學研究的亮光所看穿的。詮釋者的任務是要去解開這原始的**神話**，並且去發現真理，這惟有靠著嚴謹的科學探究才能做到。史特勞斯的詮釋過程與二十世紀德國學者布特曼（Rudolf Bultmann）所稱的**去神話化**（demythologizing，或譯「非神話化」）非常接近，而在第六章，我們會再探討「去神話化」這用語。

史特勞斯展示出他對基督教信之詮釋學的歷史感到不耐煩，尤其是那段他稱之為「中世紀的沉悶世紀」，他又認為自己有責任「將昔日的語言翻譯成今日的語言」，惟有這樣才能得到真正的清晰性。對史特勞斯而言，福音書所描述的事件，包括所有神蹟，甚至耶穌復活本身，最終也可歸咎於自然的原因，而且謹慎的讀者必須尋找那埋藏在神蹟底下、有待發現的真理。從很多方面來說，史特勞斯與先前來馬魯斯和艾希霍恩的作品相差不遠，三人都相信聖經的文本是非常原始，並充滿神話色彩。現代的學術研究指出，福音書是在那些耶穌生平的「事件」發生了很久之後才被書寫的，所以它本身就是對那些事件的解釋，再用上當時的想像記號來包裝那些經歷和感受狀況。故此，解釋聖經的人，就是在解釋對耶穌生平的解釋（interpreting interpretations），透過運用語言學、哲學和科學等現代的工具，除去那層神話的添加物。就像十八世紀的來馬魯斯，史特勞斯有力地指出，教會的信仰決非建立於福音敍事背後所埋藏的「真實的」（real）耶穌。

對於史特勞斯，只要小心閱讀福音書，便必定能切除宗教和其假設。不過，假如基督教這樣被**鑑別的方法**所消滅，它還可以在現代哲學的反省中，再次被發現它是合理的。史特勞斯的詮釋學追求一種適合現代的基督教，並脱離它在聖經裏的歷史淵源和傳統。那是一種激進的詮釋學，而史特勞斯其中一個最早期的門生就是小説家喬治．艾略特（George Eliot），這位年輕女子將史特勞斯的《耶穌生平》翻譯成英文，取名為《耶穌生平的鑑別研究》（*The Life of Jesus Critically Examined*, 1846），而之後她最終離棄了自己的基督教信仰，並改信一種她從偉大小説如《亞當．比德》（*Adam Bede*, 1859）和《米德鎮的春天》（*Middlemarch*, 1871 ～ 1872）中所探索到的「人性宗教」（religion of humanity），此事對英國讀者並非不具影響力。因著史特勞斯，借助一種似乎徹底消滅了聖經神聖地位的普遍的詮釋（universal hermeneutic），聖經竟然擠入了想像甚至虛構小説的行列。

3. 歷史耶穌的追尋

我們可説，十八世紀的詮釋學或多或少發明了對**歷史**的現代理解，而到了十九世紀，詮釋者的工作實際上成了一門哲學的學科，所以，因著像史特勞斯等學者的出現，聖經文本的歷史來源幾乎無人問津。按照偉大歷史學家蘭克（Leopold von Ranke, 1795 ～ 1886）的看法，歷史學家的任務是要去明白字面的事件（literal events），或「事件如何真實發生」，而福音書作為純粹以神話—詩歌為基礎的文本，它根本沒有留給我們認識真實歷史上的耶穌的直接線索。看來，耶穌已經在哲學臆測的迷霧中消失了。

德國的聖經鑑別學者就兩種對「歷史」這字的理解作出區分，並分別用德文 *Historie* 和 *Geschichte* 二字來代表。*Historie* 描繪出事件如何真實發生；*Geschichte* 則描寫事件對最先經歷那事之人和對我們的**意思**。換句話說，*Geschichte* 也關係到今時今日的經驗。歷史不只是關乎過去，亦關乎現在。（**不管如何，「歷史—鑑別」**〔historical-critical〕**的方法至今仍主導聖經的學術研究。**）

那麼，我們如何將福音書視為「歷史」，或作為發生了之事件的描述？雷南（Joseph-Ernest Renan，1823 ～ 1892）是法國的東方學家（orientalist），他曾走訪聖地，並寫下《人之子》（*The Life of Jesus*〔*La Vie de Jésus*〕, 1863）一書而聞名於世。雷南對新約的浪漫式閱讀，將新約的世界牢牢地置於十九世紀如藍霧般迷濛的想像中，這一種詮釋學不是以一世紀作為基礎，卻是牢固地扎根於現代讀者的思想。史懷哲（Albert Schweitzer）在他的鉅著《歷史耶穌的追尋》（*The Quest of the Historical Jesus*, 1906）中，這樣描述雷南的著作：

雷南向讀者展示一個活生生的耶穌，他憑著自己藝術家的想像力，與耶穌在加利利蔚藍的天空下相遇，又用他神來之筆刻劃出耶穌的神髓。讀者的注意力被抓住了，他們覺得自己可以看見耶穌，因為雷南技巧出眾，能叫他們見到藍天，農作物如一片汪洋般隨風飄動，又見遙遠的山嶺，百合花若隱若現，革尼撒勒湖就位於這景緻的中心，又與雷南一起在蘆葦草的低語中聆聽登山寶訓的永恆樂章。

（Schweitzer, *Quest of the Historical Jesus*）

透過雷南的眼睛，福音書**似乎**呈現一幅歷史的圖畫，其實卻只是當代讀者心中的一切。從想像的角度來說，史懷哲甚至可說雷南是「遇見了」耶穌，因雷南是憑著小說家的恩賜和技巧而寫作的。即使雷南堅持「他的目的……純粹是為了歷史」，但在他手中，馬太福音的登山寶訓卻成了詩歌，不受時間限制的永恆共鳴。他既已帶給我們一切所需的詩歌，那麼在雷南寫作之後，我們又何以仍需要聖經？

十九世紀的「歷史鑑別學」帶來腐蝕性的影響，加上小說發展成為當時主要的文學體裁，這就使到聖經正典在現代詮釋學中的傳統權威終於瓦解。詮釋學從一門神學的學科，變成了學術性的專門科學，其結果若不是把聖經壓縮在「聖經鑑別學」這有限的學術世界中，就最終把聖經送進詩歌和世界文學的行列，並且按照當時一流小說所主張的內容（並非不值得一看卻近乎毫不神聖）來衡量聖經的價值。那歷史上的耶穌又如何？從現代詮釋學探究的凌厲目光下，這又神祕又難以捉摸的新人物完全溜走，就讓史懷哲對這位人物作最後定論：

> 今天，我們沒有詞彙可以表達他對我們所具有的意思。他恍如陌生人一樣來到我們跟前，沒有名字，就像從前他站在湖邊，去到那些不認識他的人面前一樣。他說出同樣的話：「來跟從我！」又分配使命給我們，就是那些他必須在我們時代中履行的工作。他命令我們。凡聽從他的人，不論聰明還是愚昧，他都會在平安、勞碌、衝突和苦難中向他們啟示自己，那就是他們在他的團契中的經歷，而從一種不可言喻的奧祕中，他們便會知道他是誰……（Schweitzer, *Quest of the Historical Jesus*）

透過一種令人稱奇的弔詭情況，輪子完滿地走了一圈，而詮釋學再次進到循環之中。我們失落了透過教會和神學所認識的耶穌，但這又將我們帶回到與耶穌相遇最初的一刻，從福音書的門徒到現代的讀者，兩個歷史時刻彼此觸碰。我們可說，與耶穌的相遇，已經變得帶有**存在的**（existential）味道——那是二十世紀詮釋學的關鍵字，我們將會在下一章作出探討。

4. 狄爾泰（1833～1911）

德國學者狄爾泰（Wilhelm Dilthey）是歷史和文化的哲學家，但要將他歸入任何一種學術學科，並不容易。狄爾泰精通所有人文學科的科目，這可以突顯出詮釋學的**跨科際性**（interdisciplinarity）。到了十九世紀末，除了神學家會牽涉解釋和理解詮釋的工作外，還有哲學家、文學鑑別學者（literary critics）、社會學家、人類學家——那名單可以無窮無盡。

狄爾泰深深受到士來馬赫的影響，為士來馬赫撰寫了詳盡的《傳記》（*Life*），「又像士來馬赫一樣，認為理解的行動就是嘗試重現作者或藝術家的創意過程」（*Oxford Dictionary of the Christian Church*, 3d ed.）。閱讀不僅是接收，卻是實質上與寫作本身同樣具有創意。狄爾泰基本的關注是探索我們到底是**怎樣**知道和理解任何事，在哲學上我們會把這種研究稱為**認識論**，而這術語正是狄爾泰詮釋學的根源。狄爾泰以神學家為他生涯的開始，他把詮釋學列入範圍廣大的**人文科學**中，因狄爾泰想藉此為詮釋學奠定關鍵的基礎，以致當**自然科學**急速興起，並要求極其緊密精確的科技觀察之下，詮釋學仍可以立足。簡而言之，狄爾泰所關注的是**方法論**（methodology），或是分析我們藉以用來理解文本的途徑。

從一份一九一〇年的文章，我們可以最容易理解到狄爾泰的思想，該文章題為〈詮釋學的發展〉（"The Development of Hermeneutics"），後來於克萊米的讀本《詮釋學的探究》（*Hermeneutical Inquiry*，參本書導論的「推薦書目」）的第一冊中再重印。因著狄爾泰，我們有了一種真正**普遍的詮釋**，包括人生和經驗的全部。狄爾泰研究的重要範疇是「生活」（Life〔*Leben*〕）或「生活經驗」（lived experience〔*Erlebnis*〕），他認為這是我們共同擁有，又編織起所有人類的活動和經歷的。「人類」的經驗都是普遍的，橫越所有可能存在的文化和歷史阻攔。（**狄爾泰的假設很容易受到鑑別。所有時代、文化和地方的人是否都擁有相同的「生活經驗」？你認為如何？**）

對狄爾泰而言，我們是透過記號、象徵、言語和寫作，來表達出我們的共同理解。解釋者基於「同理心」（empathy〔*Hineinversetzen*〕），透過「再生活」（re-living〔*Nacherleben*〕）的經驗過程，從而理解作者或文本（「他者」〔other〕）。因而，我們不是透過單獨的內省，而是在解釋的羣體裏，在閱讀的**社會性**活動中作出理解，而又理解自己。我們從知道自己與他者的分別，便能明白自己。這過程需要運用**想像力**，將自己轉移或變換到別人的思想和生命中。狄爾泰堅稱「了解（understanding〔*Verstehen*〕），就是重新發現我（I）與你（Thou）」，這句話比很多二十世紀思想家更早提出（從布伯〔Martin Buber〕的《我與你》〔*I and Thou*, 1923〕及至更近期萊維納斯〔Immanuel Levinas〕的倫理寫作）。

狄爾泰並非抽象的理論家，他關注我們稱之為社會科學的實際經驗，他則稱謂 *Geisteswissenschaften*（人文科學），這字面的意思就是思想或精神的知識。像真正的詮釋者，狄爾泰先從個別和特殊性入手，但在整體文化內作出觀察，並強調所有事物的「關連性」（connectedness）。

對狄爾泰而言，要了解文本，首先是要追溯那最初促使文本寫下來的經驗。那麼，要取得了解，便是要從特殊性出發，並投入一種普遍的經驗，在智性的寬廣模式中彼此分享。因著狄爾泰，士來馬赫對普遍詮釋學的追求被擴展至人類科學的總和。狄爾泰確實將我們帶進二十世紀，那將會是我們下一章的主題。

5. 科學與宗教

我們從這一章中看到，科學和科學的主張成了十九世紀詮釋學的關鍵。不過，我們再說下去之前，先要簡單澄清何謂「科學」。

十九世紀的科學是以對物理定律的理解為基礎，通常會令人聯想到牛頓（Isaac Newton，1642 ～ 1727）的物理定律，而他最著名的「發現」就是萬有引力的定律（law of gravity）。牛頓的物理定律建基於因果律，又以秩序和理性所得出普遍的、可觀察的定律和原則作為基礎。不過，到了十九世紀的最後一年，準確來説，即是一八九九年五月十八日，科學家普蘭克（Max Planck）創出「量子」（quantum）一字，宣布物理學新時代的來臨。其後十年內，愛因斯坦提出特殊相對論，更加速了物理學新時代的出現。

我不是科學家，此處亦不是直接關注科學原則。不過，從牛頓的**理性秩序**變成愛因斯坦的**相對原則**，科學的**範式轉移**產生了一種全新的觀察世界角度，那種觀察角度又促使解釋理論和詮釋學產生巨變。世界、語言和文本都脱離了秩序和整全的觀念（以上帝或理性作為基礎），變得徹底動搖，而相對主義的新時代將我們帶進二十世紀，最終進到**後現代性**（postmodernity）的詮釋學，這乃是我們的故事逐步想要帶出的一幕。故此，我們進到第六章。

總結

我們可以歸納這一章的重點如下：

1. 十九世紀中，詮釋學徘徊於科學的鑑別精神和相信的殘餘意願之間，懸而未決。
2. 史特勞斯的《耶穌生平》運用現代哲學研究的工具，

並帶著純粹懷疑的態度，剖析福音書的敘事。

3. 雷南追尋歷史上的耶穌，因而他描繪了一位出自浪漫主義後期思想筆下的耶穌。
4. 狄爾泰把詮釋學置於社會科學的背景中。詮釋學非宗教化的過程完成了。

活動和問題

1. 阿諾德將詮釋學中**文學**（或詩歌）和**科學**的元素作出徹底劃分，你認為他的劃分是否被證明為合理？你會如何為這二字下定義？
2. 比較史特勞斯和阿奎那的詮釋學，並用你自己的說法，衡量兩者的分別。
3. 像雷南等作家和他在二十世紀電影和文學領域中的「追隨者」所發揮的浪漫主義的想像力（例如，澤費雷利〔Franco Zeffirelli〕執導的賣座電影《拿撒勒的耶穌》〔*Jesus of Nazareth*〕中的「耶穌」，就是直接取材自雷南《耶穌生平》筆下的「那暗淡的加利利人」），想一想，在多大程度上，他們的想像構成了**你**對歷史上耶穌的印象？你作為現代的讀者，會怎樣著手重尋「歷史上的耶穌」？甚至，這究竟是否合法的追尋？你的目的是甚麼？
4. 上文指出，狄爾泰立於古代和現代兩個世界之間。從詮釋學的任務來看，請詳細列舉你認為這情況如何可算是真的。
5. 你認為當代的基督教神學和其詮釋學是否發生了範式轉移，就像科學所經歷從牛頓至愛因斯坦的轉移一樣？它們是否必然要發生？

第六章

二十世紀

1. 引言

隨著二十世紀的來臨，詮釋學碰上太空時代和各式各樣新的基要主義思想，超越啟蒙運動所提倡的理性。那是一個新傳媒的時代，其對閱讀的影響仍是難以估計。它亦是一個遭遇前所未有的大規模毀滅，並恐懼核子大浩劫的世紀。問題接踵而來，卻沒有任何途徑可提供答案或解決方法。這世紀不再是浪漫派的遺迹，卻只剩下粗糙破爛的碎片和破滅的夢，而紐約世貿中心的雙子大樓的倒塌——用毀天滅地的現代科技所實行的原始行為——或者，這是近年來，最痛切地象徵著二十世紀的這種狀況。

這一切都對詮釋學的理論和實踐構成影響。評論家卡普托（John Caputo）考究德國哲學家海德格（Martin Heidegger）的著作（這一章稍後部分會再簡介海德格），他認為詮釋學僅是糾纏於人生原有的困難和混亂的一種嘗試，而沒有從混亂中找到解決方法或意義。經過十九世紀龐大和有系統的學術工作後，新詮釋學（new hermeneutics）根本是非學術的，它代表一種了解事物的新方式，那就是，乾脆由得問題懸而不決，拒絕接受所有簡單的解決或答案。理性的時代已過去，卻並不意味會返回基督教較早期信之詮釋學的光輝歲月。

2. 巴特（1886～1968）和布特曼（1884～1976）

不過在談到二十世紀以前，我們必須先從兩位新教神學家說起——巴特（Karl Barth）和布特曼（Rudolf Bultmann），在他們迂迴的方法中，我們清楚看到他們二人仍屬於那種我們至此主要依循的傳統。這兩位近代的學者主導了二十世紀前半葉德語的神學界和詮釋學界。巴特的著作及其對現代思想的影響，特別是透過他《教會教義學》（*Church Dogmatics*，該書詳盡探討基督教的教義，先於一九三二年出版，然後巴特幾乎投上一生作出修訂和擴寫）的巨大討論，實在是極其龐大，我們此處只能稍微交代。巴特生於巴塞爾（Basel），主要在德國接受教育，在第一次世界大戰期間，他在瑞士的薩芬維爾（Safenwil）任職牧師。巴特對戰爭可怕的大屠殺的反應，加上他從前的神學老師竟簽署贊同德國出戰，這促使他寫下其第一本鉅著《羅馬書釋義》（*Römerbrief*），而此書可能更符合我們本書的目的。在該書中，對於上一個世紀千辛萬苦地所發展出聖經鑑別學的歷史—鑑別工具（historical-critical tools），巴特既表示欣賞，亦加以批判，但最終把那些工具都擱置一旁，選上另一種更直接之法來研讀保羅的經文：

聖經研究的歷史—鑑別方法有其合法的位置：這

> 方法著重智性的預備——這樣做決不多餘。不過，倘若我必須在歷史——鑑別方法和聖靈感動的寶貴教義兩者之間作出選擇，我便會毫不猶豫選擇後者，這樣選擇帶有更宏大、更深遠、更重要的理由。聖靈感動的教義著重領悟的功夫，不管技術裝備有多完善，也不能缺少了這領悟的功夫。（Barth, *Epistle to the Romans*）

此處顯而易見，巴特確是馬丁．路德真正的後人。巴特視聖經為上帝自由賜下的啟示，而身為羅馬書的讀者，我們的本分是「聆聽」上帝的話語，並以順服的態度作出回應。畢竟，巴特像路德一樣都是牧師。詮釋學是他神學的核心，因為閱讀聖經就是向上帝的啟示開放自己，而這樣做又會帶來行動——活出基督徒的生命。從某種意義來說，我們閱讀聖經的字句時，上帝便藉著那過程閱讀和解釋我們，又使用我們遵行祂的旨意。

我們從巴特的詮釋學中，會看到一種明確反智性主義（anti-intellectualism）的傾向。有些當代的學者，像英國神學家沃德（Graham Ward，見於他的書 *Barth, Derrida and the Language of Theology*, 1995）和美國學者洛沃爾特（Walter Lowe，見於他的書 *Theology and Difference*, 1993）發現，巴特預先具有**後現代**詮釋學（postmodern hermeneutics）的元素，而我們將會看到，這樣說有幾分真確，然而巴特的思想框架卻決不是後現代的。從某方面弔詭地說，巴特的系統中根本沒有詮釋**存在**，他的系統只要承認信心「不可能的可能性」（這令我們想起馬可福音九章 24 節，那人向耶穌所發的呼求：「我信；援助我的不信！」〔《呂振中譯本》〕）在士來馬赫和狄爾泰等學者所作精密的哲學解釋系統和科學定義之後，巴特的信息是牧者的呼聲，並要徹底擾亂一切的詮釋學：對比一切理性，我們要聆聽上帝透過祂的道而向我們說話的聲音。巴特與斯坦貝克（John Steinbeck）的小說《伊甸之東》（*East of Eden*, 1952）中的那角色相差不遠，那角色堅持聖經不是用來明白，卻是用來閱讀和聆聽。我們太拼命想要作出理解，這反會阻礙我們聽到上帝藉著聖經向我們所說，並呼籲我們作出行動的話語。巴特總是想要強調上帝的道與人的道之間的深淵，這樣，跨越一切古今文化的考慮，他復原聖經昔日的權威。

因此，當我們轉向新約學者布特曼時，我們便並不意外地發現，他似乎懷疑巴特到底**是否具有**任何詮釋學系統。如果巴特視我們與上帝的相遇，就是與那「完全的他者」（wholly other）的相遇，是超越一切人類思想或理性的，那麼，布特曼就是堅持要探索神性與人類的接觸點，那就是上帝的自我啟示和人類的了解力交會之處。

故此，布特曼後來於一九五〇年一份名為〈詮釋學的問題〉（"The Problem of Hermeneutics"，參 Klemm, vol. 1）文章中，將自己牢固地定位在士來馬赫和狄爾泰智性的和詮釋學的傳統，但卻帶有一個重要的分別。布特曼深受德國哲學家海德格影響（我們稍後會提及），亦受到那種稱為**存在主義**（existentialist）的哲學思想所影響。結果，布特曼的詮釋學並不是想要重構文本的起源（可聯想到士來馬赫怎樣要求讀者「進到作者的思想中」），而是想要鑽探那與我們此時此刻的生活有關的文本主題。布特曼根本對使徒保羅的思想沒有興趣！我們又可以這樣說：對於布特曼來說，閱讀的焦點不是放在重構文本那生命最初的一刻（即要了解文本，就是設法要了解保羅或莎士比亞當時在想甚麼)，卻是放在文本與讀者相遇的此時此刻。那問題就是：當我閱讀，那文本**當下**的意思是甚麼？

有關這問題，有兩個重點需要被提出：

1. **去神話化**的過程：在分析史特勞斯之時（第五章），我們已碰上了這詞彙。布特曼沒有低估神話的力量——事實上正正相反。對於布特曼來說，神話決不只是古老傳說，亦不僅是故事和寓言。反之，神話是在世界中，人類「存有」(being) 的表達。我們都生活在神話的詞彙下，隨著文化和社會轉變，它們也會不斷改變。不過，因應我們的時代，新約的古代神話世界需要被翻譯出來，換句話說，即是要被去神話化，以致**我們**「從存在的意義上」明白新約世界的非神話意圖。舉一個例，布特曼可能會說，我們大多數人已不再生活在一個認為生病就是被鬼附的世界中。因此，為要了解福音書的醫治神蹟究竟想表達甚麼意思，我們便用上更接近我們文化的詞彙，並把它們翻譯出來。但必須強調一點，這樣做決不是認為經文論及耶穌的內容並不重要。這過程其實與史特勞斯的《耶穌生平》沒有多大分別。
2. 布特曼專注在文本的主題，藉以想要揭示文本怎樣論到我們如何了解自己。換句話說，詮釋學是關乎發現我們的身分和我們怎樣了解自己——簡而言之，就是關乎探究人類存在的意義。

偶而有人會說，布特曼最終根本不在意聖經的文本，而只在意經文想要表達的東西。在這方面，布特曼的進路與巴特的正正相反。巴特迫使我們注視放在我們面前的文本；布特曼卻要（某程度上）穿越文本並進到文本背後的主題。

布特曼學習海德格的思想，並為人類存在的模式下了兩種定義：本真的（authentic）及非本真的（inauthentic）。在我們對「此在」（being，*Dasein*，這是出自海德格的德文，我們馬上就會看看這個字）的了解中，我們就——本真地——**得著**自己；相反，我們會——非本真地——**喪掉**自己。這一切與閱讀聖經有甚麼關係？布特曼會立即指示我們回到馬可福音八章35至36節：

> 因為，凡要救自己生命的，必喪掉生命；凡為我和福音喪掉生命的，必救了生命。人就是賺得全世界，賠上自己的生命，有甚麼益處呢？

這段經文可以完美道出何為本真的存在，布特曼將這段經文翻譯（或去神話化）為海德格的存在主義哲學。

3. 海德格（1889～1976）

海德格是最難明白、最富爭議性和最重要的二十世紀思想家之一，但詮釋學的研究卻不能否認他在詮釋學的理論和理解中，佔有舉足輕重的地位。因著海德格，我們當下離開巴特和布特曼等神學家和聖經鑑別學者的世界，而走向更廣大的哲學和文學反省世界。海德格**很難理解**，因為他的德文極具個人風格，他用之來鑽探思考和思想概念的**背後**，進到思考和思想概念的本源。海德格往往會避開使用哲學術語，而使用個人獨創的詞彙，因而使翻譯極其困難。海德格**極富爭議性**，因為他身為弗萊堡大學（Freiburg University）的校長，卻竟又是納粹黨的成員，有關這方面的爭論一直激烈爭持多年。那重點在於：如果某人的道德極有問題，我們可以有多認真考慮那人的思想？然而，海德格**很重要**，因為二十世紀西方的思想家，最終都沒有一個能避免不受海德格的言論和寫作所影響。我們已見到海德格對布特曼有多重要，此處我會限制自己只多說兩點——別以為一瞬間就可以概論「海德格」，這可需要至少多寫一本書，而海德格的哲學遠遠超過我們現在討論的範圍！

1. 至今我們一直也假定，詮釋學最根本的問題就如：「我們如何才可理解到文本的意思？」主要而言，我們所看過不同種類的詮釋學，都是想設法給這問題提供某種答案。海德格卻退後一步，問到「存有」本身。海德格於早期的鉅著《存有與時間》（*Being and Time*, 1927）中，那決定性的詞語就是德文 *Dasein*，通常不會翻譯出來，因這字本質上不能被翻譯。*Dasein* 不是指涉我的存有或任何特定的「存有」。*Dasein* 純粹是在宇宙中的「在」（being there）。事實上，這詞語本身是在語言學的可能性中最邊緣的位置。海德格的本意乃是如此，因他關注的是，「現代詮釋學理論的**存有論**（ontological）基礎」（摘引自 Klemm），即是現代詮釋學理論的本源。因而，海德格穿越這個問題而進到「存有」本身。因著海德格，詮釋學超越了文本解釋的事務。透過哲學，以奇怪的方式（另一種詮釋循環？）含蓄地返回到那神學最深奧的問題——詮釋學和神學又再重逢。不過，海德格永不會形容自己是神學家。身為出色的詮釋者，海德格更著重打破學科的界限，不僅是神學或哲學。在海德格背後，是另一位思想家胡塞爾（Edmund Husserl），他致力要解放哲學思想，脫離一切系統和臆測，返回「事物本身」（things in themselves）。從某程度來說，這種轉變脫離**認識論**（自我們考慮康德開始，便不時會碰上這字）而轉向**存有論**。

2. 海德格的後期作品中，他採取了一種詩意的，甚至神祕的論調。他對**語言**本身的興趣，比對文本更深，以致一個評論海德格的學者科克爾曼斯（Joseph Kockelmans）含糊地評論說：「語言不再是工具，但它自身卻是會說話的。」（Kockelmans, *On the Truth of Being*）海德格幾乎是想暗示語言是從神性的源頭而來，而不是從人類而來，但此處他並非論到聖經。更準確地說，語言表達出「存有」本身，是遠遠超越人類意圖的限制，故此詮釋學或「解釋是默想性，甚至詩意的過程，是聆聽『存有』語言的（因而有限的）外貌，並向其說話」。（Klemm, *Hermeneutical Inquiry*, vol. 1）

奇異地，海德格既很難理解，又很易明白。因著海德格，我們於語言和思想的邊界發現自己——因而他的論調是相當玄奧的。海德格轉變了二十世紀哲學探究的本質，但又再超越哲學，而進到文本（海德格閱讀不少詩歌，特別是德國浪漫詩人荷爾德林的詩）和語言的相互影響，這仍始終源自歷史之內，卻可以與關乎無限之事——即存有（Being）本身——進行「對話」。

4. 迦達默（1900～2002）

在一個不斷面對瓦解和碎斷威脅的世界中，自浪漫主義以來，現代思維其中一個困擾是執著追求整全性，又執意要重尋一種可擁抱萬物生命的遠象，猶如在中世紀的基督教國家中，基督教所曾作出的努力。某程度上，海德格終其一生只是致力探索「存有」的一致性和萬物的關連性。因著迦達默（Hans-Georg Gadamer），我們得到一位出類拔萃的詮釋者，他長時間工作的一生（他一百歲時仍在講課！），致力強調詮釋學的普遍性。自我們討論士來馬赫的著作開始，這主題便已一直被追尋的。

在一九六六年，迦達默撰寫了一篇文章，題目是〈詮釋問題的普遍性〉（"The Universality of the Hermeneutical Problem"，重印並收錄於 Klemm, vol. 1）。不過，主要使迦達默成名的原因，卻是其鉅著《真理與方法》（*Truth and Method*〔*Wahrheit und Methode*〕），這書於一九六〇年出版，而且它深深受到海德格的影響。迦達默本質上是名保守的思想家，他在該書中向我們提供了一個可能是二十世紀最有系統的詮釋學分析，其書名亦表示出迦達默與兩方面的對話，一方面是「真理」的宣稱，另一方面則是「方法」的過程——這回到一個你現在應很熟悉的詮釋學思考模式，那就是介乎於一種絕對的要求（不管是上帝，還是 *Dasein*），與方法和過程的不斷的、有系統的應用之間。簡而言之，迦達默將我們帶回信之詮釋學和懷疑詮釋學的問題，而他又提出，當我們閱讀時，我們最終必須從這兩者之中選其一。事實上，不時有人會說，迦達默的書名應改為《真理「或」方法》，這就會更為恰當。而對於迦達默來說，到最後總會是關乎「真理」。

與在他之前的狄爾泰一樣，迦達默無法歸入任何單一的學科，他的詮釋學是橫跨哲學、神學、古典文學、文學鑑別學，以及甚至法律理論的領域。迦達默是海德格的學生（在迦達默的教授資格論文〔*Habilitationschrift*〕上，海德格負責指導他對柏拉圖哲學的研究），亦深受到布特曼的影響，所以他流露出很多海德格的特徵。尤其是，迦達默極其懷疑現代本身，因現代把學習和了解分成獨立又不時離散的範疇或學科（例如，我們有時會說「我是神學家，不是哲學家」，或「我是文學鑑別家，不是新約鑑別家」），這可能會失落了自己對生命整體的察覺。迦達默嘗試從所有角度來看事物，這是一種古典詮釋學的策略，是另一種「循環」，提醒我們要從整體的角度來看特定的部分，又透過小心研究特定的部分來連貫整體。

除非置於更廣闊及更普遍的宣稱之內，否則特定學科的神話（我們應包括聖經鑑別學在內）在與世界的關係上，它們都會變得被扭曲及近視。因此，真正的詮釋者會面對不可能的任務：要精通一切「學科」。（我們不都像迦達默那般非凡，如此長壽，並且在智性上富有成效！）然而，同一時間，迦達默並非書獃子，沒有向自己的學生發出不可能的要求。在早期於《真理與方法》中，迦達默引介「遊戲」（play）的觀念作為真理經驗的核心。迦達默的討論相當複雜，但可以濃縮成三個較容易明白的重點（可以回想你兒時或參加校隊時曾參與的遊戲）：

1. 參與遊戲的人要在遊戲中完全「遺忘」自己，這樣，遊戲的目的才能達到。遊戲需要成為一個「世界」。
2. 遊戲要發揮效果，就必須受到絕對認真的看待。不管是玩足球或紙牌，倘若另一參與遊戲的人「不認真地遊戲」，我們也知道將會怎麼樣，那可會是多麼掃興及沒趣！

3. 當我們正確地參與遊戲，並完全投入時，遊戲便成為一個「揭示的領域」，我們在其中能明白和學習到新事物，或能從新角度觀察那事物。故此，遊戲十分重要——但只有當我們根據規則玩遊戲時，遊戲才能發揮功能。

這三個重點可以很容易轉移到閱讀的經驗上。我們「認真」閱讀時，我們便在書本中「遺忘自己」，我們又會絕對認真地看待那書本的世界（就算我們「知道」那是虛構），而認真的揭示便會發生。小說的情況如是，福音書的情況也會如此，最近就有一位出色的新約學者把福音書形容為「真實小說」（true fiction，參 Douglas A. Templeton, *The New Testament as True Fiction*, 1999）。如果有人還需要進一步肯定我們參與「遊戲」這回事可有多認真，便可回想哈姆雷特（Hamlet）怎樣借助那套戲劇中的戲劇——「捕鼠陷阱」（The Mousetrap），從而觸動克勞迪厄斯（Claudius）的「良心」。

最後，迦達默警告我們，閱讀士來馬赫或狄爾泰等詮釋者的著作時，要小心他們所具的危險的假設，就是以為我們可以從客觀的立場，在像聖經等文本裏，「根據歷史地」再閱讀一次。這是說，我們往往會以為自己的立場是既穩定又清楚，而任何的不穩定都只是存在於文本或理解過程之中。但是，迦達默提醒我們，我們本身也處身於歷史的洪流當中，並在其中閱讀。我們按照今天有利位置所作出的假設，決不比任何時代所作出的假設來得絕對或客觀。某程度上，我們不比從前的讀者優勝（或差劣），我們好像他們一樣，各有自己的優點和缺點、有力論據和幼稚思想。所以，迦達默高度質疑任何人宣稱自己可以比作者自己更了解作者的思想。那是何等驕傲！反之，任何根據歷史作出理解的行動本身也屬於歷史，而我們所有的解釋本身也都屬於歷史的洪流本身，我們沒有特別佔有優勢的角度。

5. 里克爾（1913～2005）

法國哲學家和評論家里克爾（Paul Ricoeur）的著作產量龐大，至今仍未完成，因他仍在寫作和出版（譯按：里克爾已於二〇〇五年離世）。如果以迦達默和里克爾的情況來看，詮釋學能有益身心，令人長壽！里克爾的學術生涯可劃分成法國和美國兩階段，他形容自己是「與那稱為思想的詮釋學派認同的哲學家」（LaCocque and Ricoeur, *Thinking Biblically*）。里克爾具自我意識地在十九世紀詮釋學的偉大傳統中工作，在進行詮釋學探究時，他像迦達默一樣，是一名橫跨了很多智性學科的學者。

里克爾在他早期的《惡的象徵》（*The Symbolism of Evil*, 1960）一書中指出，惡是無法通過任何直接途徑而被理解，卻只可以透過惡的表達和影響，才能被察覺出來。換句話說，「惡」的概念本身需要某種解釋的過程，需要某種詮釋學，才能認定出惡。然而，如果里克爾是徹頭徹尾的詮釋者，而在缺乏「直接途徑」得知惡的絕對事實這情況之下，解釋是普遍必需的工作，那麼，里克爾也有另一面，這可從《惡的象徵》結尾的一句名言歸納出來，那就是：「越過鑑別的沙漠，我們渴望再次聽到呼喚。」

如果我們要聽到那把呼喚我們回去的聲音，那麼，我們仍必須橫過和穿越那片智性的痛苦沙漠：再次是懷疑和信。貫穿里克爾的著作中，他同時尊重哲學文本（欣賞其一切的嚴謹）和詩歌文本（欣賞其旋律和直覺）。哲學文本和詩歌文本彼此遠離，但只因兩者有別，才能彼此對話。我們付出了一切所需的努力而橫越了那沙漠後，我們便可期望進入里克爾所稱為的「第二的天真」（second naïveté）——一種了解上的單純（simplicity），是來自智慧和努力的。

里克爾的著作大多直接涉及聖經的解釋，直接處理那些根本的問題，如關乎「神聖文本」的啟示、權威和本質等。例如，里克爾把《可蘭經》和聖經作出劃分，他認為前者是伊斯蘭教的神聖典籍，而後者則為：「神聖的並非文本，而是文本所論到的那位」（*Figuring the Sacred*）。那麼，在為聖經的文本注入神聖的主題之後，里克爾在閱讀聖經時，便隨意應用嚴格的解釋程序。在某種意義上，里克爾像古詮釋者，他們帶著祈禱和敬虔的心來閱讀聖經。里克爾謹慎地閱讀，並不將聖經的語言當作**字面意思**（這會按照科學的方式而簡化為單一意思），卻當作**意象意思**（這承認很多聲音和多層次意思的存在，並互相影響而生成新意思和新洞見）。

我們發現在某種意義上，里克爾向後伸展，越過宗教改革運動，而返回較早期的基督教詮釋學模式，乃是以奧古斯丁、眾教父和中世紀的神學家作為特徵，他們都認為聖經文本中具有很多層次的意思，並互相發揮影響。

如果海德格和迦達默看來是使到詮釋學脫離了過去一

直所關注的，即文本的解釋，而進到哲學、語言和存有論的問題，那麼，里克爾就直接把我們帶回到文本解釋的首要問題。此外，里克爾的思想在本質上其實是傳統的信之詮釋學，仍是置身於那個我們一直追溯的啟蒙運動和後啟蒙運動的故事之中。里克爾那篇很複雜卻是極重要的哲學文本《作為他者的自我》(*Oneself as Another*〔*Soi même comme un autre*〕, 1992)，就很巧妙表達出那種平衡。那段文字需要細讀，也值得這樣做，故此請花一點時間消化下文：

> 那構成這著作的十份研究，假定我會刻意及堅決地區分出自己對聖經的信念。我不是說，從深層的動機來說，那些信念完全影響不到我有興趣處理這問題或那問題，甚至自我整體的問題。(這是《作為他者的自我》的主題) 不過，我認為自己只是向讀者提出了論據，並不假定讀者會拒絕，或接受，或暫時擱置任何有關聖經信仰的承諾。人們將會發現，這種克制爭論的精神 (asceticism)，我相信，會在我全部的哲學著作中表明，而這種精神會帶來一種實際上沒有提到上帝的哲學，並且在當中，上帝的問題作為一個哲學問題，本身仍是會令人產生疑問，那可稱為不可知論。(Ricoeur, *Oneself as Another*)

上文總結出當代基督教詮釋者的工作，實在寫得細膩又奧妙。里克爾承認自己的「聖經的信仰」和其內裏根深柢固的信念。同一時間，「文本的解釋」要求嚴格的紀律，就是盡可能要暫時擱置任何未經鑑別的「信仰」內的偏見和前設。作為哲學問題的嚴謹探究，《作為他者的自我》必須「區分出」那些是由於他對聖經的信念而作出的要求，甚至「區分出」他關乎上帝的討論，但同一時間，那些信念其實又暗暗藏在他全本書努力的核心。(**其實，里克爾的論點很接近科爾雷基於《一顆探究的心》中提出的論點，我們在第四章中探討了該書，再看下去之前，可再讀那部分一遍，溫故知新，會很有幫助。**)

詮釋學不是宣講；里克爾的文本亦不會這樣做。讀者無論如何必須可以自由地對兩者作出判斷。里克爾「克制」不去爭論，正正是為了**不容**宗教的想念扭曲閱讀的文本，但那最後無言的結語卻是必然暗示，上帝(或事實上聖經)與里克爾的著作實在相距不遠，而恰當的詮釋學探究會引導我們回到那埋藏於該書核心的無言之語。

6. 走向後現代：德里達(1930～2004)

接下來的差不多只是這一章的註腳或附錄，並前瞻下一章將會討論的當代詮釋學。不過，當代的解釋者最少要略知「後現代」這字帶有甚麼含義(我不會說是帶有甚麼「意思」)，以及這字怎樣影響到詮釋學的工作(甚至更可能是使之作廢)，就是那我們一直追溯的工作，直至里克爾仍在撰寫的作品。與此同時，「後現代」這字本身現已變得過時，因這字的全盛時期是在一九七〇和一九八〇年代，而從前年輕的支持者向保守的評論家所不斷灌輸的恐懼和不贊成，現已被那自制的老成持重所取代，他們很不願意地承認他們已不再年輕。而詮釋學一如以往，已開始向另一個方向進發。

「後現代」這字雖然以很多不同並常常含糊的方式，以及在很多不同方面（最先用於建築學上）上被使用，但這字基本上是用來形容一種於啟蒙運動和後啟蒙運動思想的「現代」時代冒現出來——或開始衰落——的文化。與詮釋學本身一樣，「後現代」這字完全是跨學科的，它以極不同的方式被用於建築學、音樂、文學，以及甚至神學。後現代承認**本質範疇**（essentialist categories）的瓦解——本質範疇指到，我們總能觸及或言說任何事物的本質，無論那是上帝，還是僅是語言本身。可是，於後現代其本身之內卻不能言說甚麼。後現代的特徵就是**相對性**（relativity）的觀念和對弔詭的懸疑。法國思想家德里達（Jacques Derrida）比任何人似乎更能代表「後現代」這字（這幾乎不能說是一場運動）。他喜歡創造一些字典沒有、但只存在於文字**之間**的字，這**解構**著我們假定的語言結構和指涉結構。最出名的例子就是德里達自創的「字」*différance*（中譯為「延異」），你無法從任何一本法文字典中找到這字。這字懸於「差異」（differ）與「延遲」（defer）兩個真實的字之間；即一切意思也存在於差異之中，一切意思也受到延遲。

在後現代的長廊上，另一位極重要的人物就是非常神祕的瑞士語言學家索緒爾（Ferdinand de Saussure，1857～1913）。就理解語言的本質和我們如何運用語言這方面而言，因為索緒爾可能是惟一最重要的現代人物，所以簡略查看他的著作，對我們研究詮釋學十分重要。

一九一一年索緒爾作了一系列的講課，他本身從未出版那些資料，但從那些講課當中，索緒爾革新了我們理解語言運作的方式，因而更延伸至我們理解文本的方式。那故事不時有人講述，我此處不打算重述（你可參考卡勒〔Jonathan Culler〕的精彩短篇研究，名為《索緒爾》〔*Saussure*, 1976〕)。那故事的中心認為，語言的理解純粹是差異的遊戲。「狗」這字被理解為指涉到我那有四條腿、毛茸茸的小傢伙，只因為那字**不是**「貓」。（**請記得後現代的思想中，一切都沒有本質，連語言在內。**）文字並非真的指涉到任何事物，除非是相互的共識以及與其他文字的差異。「狗」這字本身、「狗」這字的發音，以及那在園子裏的「羅弗」（Rover，譯按：狗名），三者沒有內在的關連，而你同樣可以說「*chien*」（若你是法國人），或若你是中國人或匈牙利人，也乾脆可以說任何你喜歡的字。最終，只要我們能夠彼此明白，用甚麼字也行。

我稍為詳細闡述了這方面，因為我們需要察覺，索緒爾這些相當學術性的語言學研究，到底如何觸發了那稱為**解構**（deconstruction）的創傷性事件。解構是指到所有我們藉以建立文化信念和信念系統的結構和層級，都遭到徹底推翻。法蘭克福的哲學家哈伯瑪斯（Jürgen Habermas）如此表達出解構的含義，請細心閱讀下文：

> 解構作出叛逆的工作，其實旨在拆解種種偷偷溜進來的基本概念層級，推翻那些關乎支配的基本關係和概念關係，就像言論和寫作的關係、理智和感知的關係、自然和文化的關係、內在和外在的關係、思想和物質的關係、男和女的關係等。邏輯和修辭也構成那些概念配對之一。自亞里士多德起，邏輯先於修辭的地位已被推崇，德里達卻是特別有興趣把那次序反轉過來。(Habermas,

The Philosophical Discourse of Modernity)

看來，後現代是最終離棄了邏輯和理性，以及這兩者在有秩序的詮釋學世界中長久稱霸的地位。像迦達默一樣，德里達也提到遊戲的觀念，但決不是迦達默那種冷靜又秩序井然的遊戲。德里達的後現代遊戲充滿歡樂（*jouissance*）、惡作劇和死胡同。在這點上，我們需要記住兩方面：

1. 如果德里達著重修辭過於邏輯（及理性）的要求，我們需要提醒自己，柏拉圖（他只是其中之一）對修辭深表懷疑，又在他稱為《費德魯斯對話錄》的對話錄中作出詳盡的解釋。因為修辭家最終並不關心任何事物的真理，卻只是想說服你相信某事物是真的。修辭是說服人的藝術。如果我可以說服你相信月亮是用芝士造的，我便是一個成功的修辭家，而月亮究竟實際上是由甚麼構成，則是無關痛癢！請用一點時間想一想，優先考慮修辭，到底對文本的地位和文本宣稱的真理會有甚麼意義？簡而言之，我們是否總是受到文本操縱？
2. 解構不是你有意識下**做**（do）的事。人們有時會談論文本（譬如福音書）的解構閱讀，作為歷史閱讀或形式主義閱讀的另一種選擇。不過，德里達的重點是說，文本本身存在解構性，它們自會解構文本那要宣傳和體現的意思。文字和文本會與任何你想強加在其上的意思玩遊戲。解構是最終承認我們在第一章胖蛋先生的討論中所提及的那句古老諺語：我們總是言不及義，又總是意在言外。

對於某些人來說，這一切意味到一種奇妙的新自由。像聖經那般有影響力的文本，都會有其閱讀的歷史，某些人可能覺得那是第一流的，但另一些人則可能會視之為壓迫和征服。舉一個例，女性主義詮釋學，擺脫透過內含於聖經文化中的父權結構（男人支配女人），以及長久以來以男性主導的聖經詮釋歷史，它得以蓬勃發展。如果你細想這方面，你便會發現本書至此仍未提過任何一**位**女性詮釋者。啊，不要怪我，我不是不想找幾個！只是根本連一個也沒有，或最低限度她們都不可以藉著出版或公共空間而讓人家得聽她們的聲音。直至後現代和解構的轉向發生後，她們才有機會發言。於是這一類作品面世，像荷蘭評論家芭比（Mieke Bal）對士師記作出震撼的再閱讀，她找出經文中至今被忽略的女性聲音，透過從中察覺到的**反融貫性**（countercoherence），從而**解構**當中父權式男性權力的敘事。

不過，對於其他人來說，後現代只是意味混亂，價值觀失落在相對性的海洋（愛因斯坦可會想到？），閱讀可以天馬行空，更尤其是證實了德國思想家尼采於十九世紀所宣告的「上帝已死」（*The Gay Science*, 1882）。如果一切閱讀都是相對的，我們又可怎樣選擇哪一種閱讀？當下由誰來判斷是非？由誰來辨別善惡？美國評論家費什在一份著名的文章〈這課室中還有文本嗎？〉（“Is There a Text in This Class?” 1980）中問到，我們處身於那不確定的後現代汪洋中，到底能否再談論任何真實文本？因文本都被永無止境的主張和反主張淹沒了。費什講述，這問題是由一個文學的學生所問，那學生一再地說：「我的意思是，這課室中，我們是否相信存在任何詩歌和物件？還是不過只有我們？」費什回答，課室中當然存在文本，但那些文本是在解釋羣體之內存在，而文本的「意思」只會在處境內湧現，亦永不是絕對的。費什主張文本的不確定性（或我們會稱之為解釋或詮釋的自由）——則與較保守的美國詮釋者赫希（E. D. Hirsch, Jr.）所持的立場相反，赫希於其著作《解釋的對確性》（*Validity in Interpretation*, 1967）中，就給文本下了這定義：文本「是從這時到那時，都永遠保持原狀的東西」。（當然，超過二十年來，費什的文章在文學系的課室中仍是相當穩定，帶有權威，豈不諷刺！）

不過，尼采終究是瘋了，最少在晚年他是瘋的。那麼，這是否意味我們**都**瘋了？或最低限度，我們溺死在後現代主義的無底深洋中？我們怎能再相信任何事物——尤其是聖經這種具權力的古代文獻？德里達於他早期的著作《論文字學》（*Of Grammatology*, 1967；一九七六年譯成英文，或譯《迹冥論》）中，向我們如此論到這事，寫得相當沉重：

> 語言自身的生命受到威嚇，變得無助，飄浮在無界限的威脅中，就在那一刻，當語言的界限似乎消失，不再可自我肯定，不再受到那似乎超越語言之無限的能指（signified）所包攬和**保證**之際，語言那種無界限又變回自身的有限。（Derrida, *Of Grammatology*）

我們可把上文「無限的能指」視作「上帝」（God）。在後現代的詮釋學中，沒有神祇可保證意思（最少沒有從**有神論**〔theism〕的角度所理解的神祇），亦沒有理性可保證意思。本質並不存在，一切都並非必要的。那裏甚麼都沒有，只剩下不穩定和遊戲，這是不需負責的遊戲時間。看來，文本**以外**就沒有指涉的依據，可以藉以解釋文本。或許，文本以外**根本**甚麼也沒有，文本最多只可以自我證成。又或者，語言**自身的生命受到威嚇**，似乎注定會內爆，變成沒有意義。

人們有時會說，後現代主義以近乎神祕的方式追求一種純意識的狀態，脱離物質、語言的約束。不過，我們需要極小心作出區分，以辨別出哪種是恰當或真正的神祕主義，而哪種是可怕狀態，這狀態我們似乎在各方面也歡迎的，而我們又可能會把它稱為**網際空間**（cyberspace）。「資訊科技」的網際空間猶如一個王國，急速威脅著要壓倒文本和書本的世界。在那空間中，我們不必為自己的身體負責，或甚至不必為自己的身分負責。沒有界限，沒有固定的身分（只要你知道自己的密碼），沒有神祇，各人任意而行。沒有規則的遊戲中，並沒有裁判。

不過……不過，即使在後現代的世界中，文本本身仍有「身體」（bodies）和格式，那「身體」和格式都向我們發出要求。我們在本書中首要關注的是基督教，而基督教是**道成肉身**（incarnational）的宗教——其核心也有一個身體。我們本身也肯定有身體，因而需要彼此負責。下一章，我們會再討論到文本的「身體」和文本的「身體」向我們作出的要求，以及我們向文本的「身體」又作出甚麼要求。

如果後現代主義問詮釋者，他們何以有理由看重某份文本，過於另一份文本？那麼，同樣地，後現代主義又提出另一個問題，那就是：如何作一個負責任的讀者？

總結

我們可以歸納這一章的重點如下：

1. 巴特以他的「辯證神學」（dialectical theology）克服詮釋學的問題，並恢復聖經文本的權威。
2. 布特曼將他的詮釋學與一種存在主義的哲學結合起來，成為他去神話化研究過程的基礎。
3. 海德格提出 *Dasein*（意思是「在」）的問題，並鑽進詮釋學問題底下的根源，因而可以說是從後門重新引入神學。
4. 迦達默於《真理與方法》一書中肯定詮釋學的普遍性。
5. 里克爾的當代詮釋學，帶我們回到好些起初探討基督教聖經解釋時已遇上的基本問題。
6. 後現代——是結束？還是新開始？

活動和問題

1. 今天，巴特和布特曼，哪一位與我們較適切？
2. 從哪種意義來説，你認為海德格是**回到**某種更早期的詮釋學，就是慶賀聖經作為上帝此時此刻的話語？從哪種意義來説，海德格算是徹底革新？
3. 就讀者和歷史的角度而言，試比較迦達默的詮釋學與艾希霍恩和色姆勒的詮釋學（第四章）。你認為我們現在身為讀者，比更早期十八世紀文化下的「原始」人，是否帶有更多優勢？若有的話，那些優勢是甚麼？（重點是，詮釋學是否有了**發展**？還是，詮釋學僅僅是出現**變化**？）
4. 我們這一章中粗略探討了「後現代主義」，你認為「後現代主義」會是詮釋學的結束，還是新開始？「後現代的讀者」可以怎樣著手閱讀聖經？（你思考這問題時，可能會發覺焦布林〔David Jobling〕、皮聘〔Tina Pippin〕和施萊弗〔Ronald Schleifer〕合編的《後現代聖經導讀》〔*The Postmodern Bible Reader*〕會是很有用的導讀。）

5. 從哪些方面來説，你認為電腦、互聯網和資訊科技會影響到我們本書一直糾纏的詮釋學問題？這問題上存在著甚麼**正面**和**負面**的方面？你也可以思想那些科技發展怎樣影響了我們**閱讀**和**書寫**的習慣。

第七章

後現代詮釋學的多樣性

這最後一章會提出好些我們今天所面對的詮釋學問題。我們上一章提到，現在大概已是時候承認，後現代本身已成了歷史的用語。雖然後現代的長遠影響仍會伴隨我們一段日子，但是詮釋學已繼續展開了永不休止的追尋。我們已見到在二十世紀初，巴特似乎可能已預先擁有某些後現代的特徵，而從某些方面來說，情況又的確是如此，因巴特和後現代都徹底脫離整個啟蒙運動，亦不重視歷史鑑別學那些複雜的結構和主張。另一方面，後現代詮釋的相對性，卻與巴特相距甚遠，而由於二十世紀經歷到空前的藉機械化操作的暴力和流血事件，社會和文化出現動盪，巴特和後現代都對那些動盪作出回應，所以兩者亦見相似。一如既往，詮釋學對一切形式的轉變和科技發展都很敏感。

本書主要集中討論聖經的詮釋，卻並非嘗試提供聖經詮釋學的歷史。那類歷史可見於其他學者的著述，像格蘭特（Robert M. Grant）或摩根（Robert Morgan）等（本書頁 4 至 6 的「推薦書目」已列出二人的書目）。本書亦不是要提供文學鑑別學和理論的發展歷史，儘管在二十世紀下半葉，這歷史的發展變得更自覺。無論如何，這兩方面的範疇都已見於我們的討論中。聖經始終是我們主要關注的中心，因為聖經至今仍是最為突出的文本——作為詮釋學一直圍繞和考量著的對象。情況究竟是否繼續這樣，這實在無法預測。你會發現上一章探討二十世紀時，聖經已變得較不明顯。

不過，本書的首要主題一直是文本和文本性（textuality）的本質，以及閱讀作為一種過程的本質。這研究必然是跨學科的，偶而會陷入令人相當費解的哲學、神學、語言學、詩學等爭論。最重要的是，我盼望任何想研究基督教傳統的人也清楚知道（雖然方法不同，但這對猶太傳統及伊斯蘭傳統也同樣是真的），我們不能以為詮釋學是可有可無。詮釋學的核心就是「解釋」（interpretation）。

在這一章，我們會提出一些詮釋學現在特別迫切的主題和議題。那些主題和議題決算不上是全面的，而且在一定時間之內，某些主題和議題便需要被移除，另一些則要補上，詮釋學的研究就是如此永無休止。

1. 聖經作為文學 ／ 文學中的聖經

詩人艾略特（T. S. Eliot）於他一九三五年所寫的文章〈宗教與文學〉（“Religion and Literature”）中說到，他不相信你可以將聖經純粹當作文學來閱讀；聖經是神聖的文本。艾略特很小心地指出：

> 聖經對英國文學產生**文學性**影響，**並非**因為人們將聖經視作文學，而是因為他們認為聖經記錄了

> 上帝的話語。事實上，文人當下將聖經當作文學來討論，大概便表示聖經的「文學性」影響已到了盡頭。（Eliot, *Selected Essays*）

毫無疑問，聖經裏頭的散文和詩歌都是精彩的文學作品。與此同時，沒有其他文本可以好像聖經那樣滲透西方文學，甚至按理說，即使聖經今天不是我們社會中最具影響力的宗教文本，它亦會是最具影響力的**文化**文本之一。（只要想一想荷里活（Hollywood）的賣座電影，像《未來戰士續集》〔*Terminator II*〕或《豪情蓋天》〔*Unforgiven*〕等，它們怎樣都充滿著聖經的意象，甚至是聖經的用語，這就可見一斑。）

聖經與其他文學的關係仍很「密切」，即使有時不太「合得來」。當然，聖經是文學，然而與此同時，我們已看過，無論是好是壞，西方傳統都把聖經與其他一切文學劃分出來，而我們怎樣閱讀聖經仍是一個難題。後現代「理論」在最近的三十年間，那值得注意的是，不少重要的後現代思想家——德里達是最顯著的例子——正是逐漸回到古時的詮釋學方式，明顯是拉比式的文本閱讀，似乎表示著後現代與我們第二章簡略探討過的那種古老猶太詮釋學關係密切。不過，這觀察似乎只可以表明，在某種意義上，我們一切關乎閱讀過程的洞見，或多或少都是從與猶太－基督教傳統的聖經文本相遇而來。

然而，聖經現在的地位又如何？在這時代中，教會和宗教建制的權力和權威看來不斷衰落，聖經的權威又如何？科爾雷基是否說對了，有些文本就是不可思議地「從我內心最深處找尋到我」？這效果是否必定是與神學或宗教有關？毫無疑問，聖經對現代文學的影響依然很強。舉一個例子，由托馬斯．曼（Thomas Mann）、勞倫斯（D. H. Lawrence）至斯坦貝克等作者筆下好些二十世紀最偉大的小說，都是直接取材自創世記的偉大敘事，而閱讀那些文學作品很可能是當下重尋一本活生生的聖經（living Bible）的最好方法。換句話說，我們現在可能已脫離了哲學詮釋學和歷史鑑別學的偉大時代（我們仍能從那時代學到很多東西，如我們已看過的），而在後現代主義之後，現在我們可能需要鼓起勇氣，透過當代的詩人和小說作者，回到那些偉大的故事去。

以下的例子可說明我的意思。斯坦貝克寫下一流小說《伊甸之東》（1952），該小說是一個寓言，以十九世紀末和二十世紀初的加州移民作為處境，重述創世記較前章節的故事。寓意法一向存在於猶太教和基督教的聖經閱讀中，而斯坦貝克則在他的小說裏接續那種米示大式傳統（midrashic tradition）。讀者進入斯坦貝克那使人忘我的小說世界中，就是重新投入墮落的故事，捲入該隱和亞伯、雅各和以掃等兄弟的古老鬥爭中。透過斯坦貝克那敘事的有力戲劇性，我們被引至重新發現創世記敘事原初的權威，並在閱讀小說式敘事這方法上接受訓練，這閱讀小說敘事的模式在理解聖經文本的本性上，與強調從歷史和明顯的神學的進路的詮釋學，同樣絕對合理和可靠。

我甚至會說，神學院和研究舊約的大學教程中，都必須將《伊甸之東》列入必讀教材。

2. 解放和責任

上一章中，我們從芭比的著作中簡略看到女性主義詮釋學的例子。還有其他形式的「解放」（liberation）詮釋學，它們與各式各樣的壓迫有關——種族、兒童、宗教的少數羣體等等。事實上，在這方面我們可追溯至馬丁·路德，他論到聖經是書中極品，「當我們受各樣痛苦和試煉時，能帶來滿滿的安慰」。不過，與此同時，受壓迫的羣體閱讀像聖經這類具影響力的文本時，通常又會叫我們發現，聖經可以很容易被人用來行善，也同樣很容易被人拿來行惡。聖經可作釋放人的途徑，又可作壓迫人的工具。其他文本亦無一倖免，馬克思和恩格斯（Engels）所寫的《共產黨宣言》（*The Communist Manifesto*）就是一個例子。

阿特伍德（Margaret Atwood）於一九八五年所寫的小說《使女的故事》（*The Handmaid's Tale*）可以清楚說明以上重點。《使女的故事》根據創世記的聖經主題，向我們展示一個可怕的未來世界。（這是否某種諷今的比喻？）當時的世界面臨不育的威脅，於是女性到了生育的年紀，就會被有權有勢的男性收為「使女」，為那些男性生兒育女。使女都不得閱讀危險的讀物（始終，閱讀可以加強和鼓勵我們為自己思想），尤其不准閱讀聖經，而聖經被形容為是「煽動人心之物」。因為如果那些使女得到聖經，天曉得她們會用來做甚麼？女人只可以從她們男性長官的口中聽到聖經。阿特伍德的重點是說，歷世歷代以來，大多數女性正正是如此聽到聖經，是受到牢固的父權式操縱，不容許女性自己閱讀經文，以驗證解釋是否正確。《使女的故事》有一段講到，那些女性用午餐時，有人向她們讀出馬太福音五章的八福，而第一句很有意義：「今天的午餐是八福。」錄音機中讀聖經的人「餵」經文給她們：

這些是有福的，那些是有福的。他們用唱碟來播

放，那是一把男聲。**虛心的人有福了，因為天國是他們的。憐恤人的人有福了。溫柔的人有福了。安靜的人有福了**。我知道他們是胡扯出來，我知道那是不對，他們也漏掉東西不說，可是卻沒有方法考證。（Margaret Atwood, *The Handmaid's Tale*）

我們可以看到，路德給所有學生一本印刷的標準聖經，叫他們自己閱讀，自己核實，自己驗證，那是何等革命性的創舉。文本是危險的（特別是聖經文本），而閱讀就是加強自己的能力，因而自己亦要負上責任。

當具影響力的文本成為恐怖的文本，我們一直研究的詮釋學對那提出的**倫理**困局可有甚麼貢獻呢？我們能否保持中立，僅僅作「學術」的解釋者？詮釋學是否必然屬於政治活動？我們需要意識到，如南非種族隔離的可怕政治活動，是始於某種特別的聖經詮釋學。這種詮釋學認為上帝所創造的一切都是獨特的，萬物的分別都要被清楚承認，包括我們膚色的分別。政治必然會把某種等級制度強加在其上——男人高於女人、白人高於黑人等。這就說明何以所有窮人和受壓迫之人的「解放」運動中，詩人和作家的聲音都是十分重要的。有能力閱讀，就能開始思考，繼而發言——故此，我們**如何**閱讀，**如何**與文本產生關係，這對於我們的人性和人性的自由至關重要。

3. 政治和後殖民主義

十九和二十世紀歐洲的帝國瓦解後，世界各地的國家相繼獨立，越來越多文學和鑑別學從「後殖民的」（postcolonial）角度出發，政治性的解釋（political interpretation）的主題也同時延續下去。歐洲帝國從前將自己的語言、文化和文學強加在其他民族上，尤其是宣教士和官員手中拿著聖經到來，他們認為聖經是上帝的話語，並要把這光明之書帶給「瞎眼的異教徒」，結果侵害了那些民族古老的文化，而隨著對文本的意識提高及教育的普及，使詮釋學在對那些民族情況的動態探究中佔有核心的位置。

恩古吉（Ngũgĩ wa Thiong'o）的《十架上的魔鬼》（*Devil on the Cross*, 1982）是在肯亞政治監獄的鐵窗下寫成，而這作者是未經審訊便被判入獄。這類作品震撼地推翻傳統西方對好些聖經敘事的假設，這些聖經敘事是來自一些文化，而這些文化通常（但不必然）是伴隨文化和社會壓迫而來。恩古吉以一個非洲少女的經歷作為比喻，他運用了聖經的敘事揭示帝國主義和殖民壓迫的醜惡。這帝國主義和殖民壓迫通常會對其他社會的傳統閱讀和聯想不利，而這些社會二千年來也未曾受過我們所一直研究的基督教詮釋學模式的洗禮。《十架上的魔鬼》以一個震撼的天啟（apocalyptic）意象作為開始，這令我們想起，當啟示錄有力的意象脫離了原初寫作時的古老基督教羣體後，可以披上全新的生命。始終，除了其他方面，啟示錄本身是與羅馬帝國有關的宏大政治視象。將這股力量轉移至較近期的大英帝國（或更近期美國的經濟帝國），這遠象對我們有甚麼意思？

一些評論的著作，如蘇吉特拉加（R. S. Sugirtharajah）近來的《後殖民鑑別學和聖經解釋》（*Postcolonial Criticism and Biblical Interpretation*, 2002），已開始在後殖民的聲音和文學的亮光下，探究聖經的詮釋學。在該書的導論中，蘇吉特拉加重述英國當年如何引用創世記二十八章14節，來證明殖民擴張的做法是合理的：「你的後裔必像地上的塵沙那樣多，必向東西南北開展。」換句話說，雅各夢見天梯後，耶和華向他發出命令，而那命令完全轉移到英國奪取印度、非洲和其他地方的土地，並得到隨之而來的經濟財富這事上，更進一步假設「地上萬族必因你和你的後裔得福」（創二十八14）。對於英國的征服者來說，聖經的文本似乎完全同意他們的行為，無懈可擊。

我們也可能會記得，最少在某程度上，南非的種族隔離是來自聖經鑑別學和解釋。在今時今日的後殖民時代中，很容易發現到，某種很不同的詮釋學會怎樣變得被人受落，又可看到，不但政治和社會經驗可以怎樣影響聖經被閱讀的方式，而且新讀者的力量又必會轉過來，反對那些曾一度被視為絕對真理的古老偏見。

4. 從互文性到電影、藝術和身體

我們已看過，自最早期開始，基督教聖經作為「神聖文本」的地位怎樣使到它與其他所有文學劃分出來。有些時候，像馬丁．路德等的詮釋者會乾脆認為基督徒不用閱讀其他一切，但另一些時候，一種普遍的詮釋學會把聖經置於所有世界文學的處境中，縱使聖經仍具有獨一無二的地位，如一六一一年《英王詹姆斯譯本》（King James Bible）的譯者所說：聖經如「一棵生命樹，或如一個具眾多生命樹的完全樂園，它每月結果子，而果子可作食物，葉子乃為醫治萬民」。不過，十分清楚的是，文本並非獨立存在的，而閱讀一篇文本，就猶如一扇大門，可通往所有其他之前已來到和以後會來的文本。無論在哪種意義上，我們可能認為聖經是上帝原來的話語，但聖經作為文學，它並非從無變有的，卻是來自更古老的文本，而那些文本很多現已失傳，或遭人遺忘。聖經的書頁間存在著與其他書卷數之不盡的對話，因此，正如我們在第二章已看過的，新約大部分的內容也是某種對較早希伯來聖經的評註，而貫穿文學歷史，這評註的過程仍一直繼續下去。拜亞特（A. S. Byatt）的小說《巴別塔》（*Babel Tower*）中，有一個角色名叫弗雷德里卡（Frederica），是一位文學教師，她寫道：

> 在小說最盛行的日子中，小說的敍述都是建立在、或來自、或反對那本書的敍述，那本書是所有書籍的根源，那本書就是聖經。福斯特（E. M. Forster）和勞倫斯都運用上帝與天地立約的古老聖經記號——彩虹，來代表戀人結合，然而福斯特的彩虹又是另一座彩虹橋的幻影，映照由瓦格納（Wagner）筆下那些存在於人間和瓦爾哈拉殿堂（Walhalla）之間、過分人性的神祇所建成的那座彩虹橋。（Byatt, *Babel Tower*）

那重點是，士來馬赫尋求普遍的詮釋學的本能乃是完全正確。在一個無窮無盡**互文性**（intertextuality）的網絡中，文本既是社羣性的（sociable），又彼此相關。我們身為讀者，我們制定出文本不同體裁和範疇必要的劃分，像歷史、小說、詩歌和哲學，但我們已看過，就真理的宣稱來說，那些劃分可互相滲透，而像我們所理解「歷史」等術語乃是現代的發明，福音書的作者可能會感到百思不解。因而，現代的評論家已開始以「真實小說」來討論福音書，並向作為讀者的我們展示一個表面的弔詭，這弔詭是由我們的鑑別詞彙所設立而成的。(在十九世紀，很多人會將「小說」這字等同於「不真實」的東西。)

詮釋學逐漸開始達到一個共識，就是我們需要認真看待互文性，而這樣做可以賦予當代的聖經研究和文學研究一種全新的方向。在十七世紀，當密爾頓(John Milton)寫了他「聖經的」史詩鉅著《失樂園》(*Paradise Lost*)後，另一位詩人馬維爾(Andrew Marvell)就恐怕該書會「毀掉神聖的真理」，因神聖的真理是絕對的，亦是聖經惟一擁有的東西。但情況是否那樣？那詩人繼續在文學中探索那屬於聖經主題的偉大奧祕，他的地位和主張又如何？神聖的是**真理**，還是**文本**？

我們現在使用「文本」(text)這字時，需要很小心我們所想要表達的意思。貫穿這本書中，我們假定了文本就是文字的書寫形體(written body of words)——雖然文本的準確定義在希臘和希伯來傳統中也有差異，而近來的詮釋學(像是費什的詮釋學)更著重讀者過於文本本身，這打開了種種歷久彌新的問題，即關乎意義和指涉的穩定性。儘管如此，那仍是一種以文字為中心的討論，與我們書架上或圖書館內的書籍是息息相關的。不過，我們逐漸生活在一個**影像**(visual)與**文字**(verbal)同樣普及(前者甚至可能更普及)的文化中。我們現在可以說「閱讀」電影的文本，或「閱讀」繪畫和雕塑的文本，甚至「閱讀」身體本身的文本。

因而，關於文本詮釋學的反省，近來其中一個發展，就是在理解「文本」這字時，不再局限於研究書寫的文字，而是擴展到「閱讀」視覺的形像。詮釋學不再只是關乎「那話語」（the word）或文字，卻是要設法解釋各式各樣的「文本」——可能在道（Word）成肉身之中。這種轉變其實並不如看來那樣新鮮。在中世紀時，基督的身體經常會被視作「文本」來閱讀，他十字架上的身體流出血來，猶如一種墨水，刻下我們救恩的「文字」，讓我們在默想耶穌受難時可以讀出來。事實上，「身體的詮釋學」是很古老的，我們可以想到保羅在自己的書信中已用上了這說法。而當代意識到不同議題，像是性別、種族、年齡等，在這種處境中，「身體的詮釋學」就修正更新了。此外，如果當我們閱讀約翰福音一章，我們可以談論道成肉身，那麼，我們可能也需要考慮肉身成道（flesh made word）的詮釋學。當我們根據別人與自己的分別，反思我們強加於他人身上的刻板印象時，這種詮釋策略可以帶來有價值的**解構**的可能性。人們是被「男性化」、「女性化」、「母親」、「黑人」等字來定義的。

我逐漸發現文學和藝術的學科界線已被打破，在聖經研究的情況更是如此。近來有人提出，畫家林布蘭（Rembrandt）是荷蘭歷來最偉大的聖經鑑別學者。不過，我們如何「閱讀」一幅繪畫？肯定不是像看書一樣，從頭至尾看一遍——故此，這類閱讀的原則必定會很不同，而詮釋學必須因應作出調整。或許，閱讀繪畫或藝術作品會接近我們傳統稱為**默想**（meditation）的操練，但這建議亦只是一個起步。

此外，隨著我們進到一個主要由**影像**主導的文化，人們寧願看電影遠多於看書，詮釋學也必須發展新的技巧，藉以詮釋**螢幕的文本性**（textuality of screen）。電影與文字敘述是截然不同的文本媒體，帶有其特殊的要求和特殊的本真性。讓我向你舉一個簡單的例子，說明何以從詮釋學來說，把電影當作書籍來「閱讀」（這常常是現今電影和宗教大部分進行的工作背後所隱藏的理念）並不夠恰當。我們看了一本小說，再看由那小說改編的電影，感覺往往是怪怪的，通常令人失望。我們閱讀那小說時，那已沉浸在我們想像的暖光中那美麗的女主角，完全不是螢幕上被選作擔當那角色的女演員，不管她有多漂亮。按我的經驗來說，那女演員**在那裏**就是太多（too much there），奪去了那個我憑出色小說家給我的一點線索、用豐富想像力所看見的她。簡而言之，看電影通常無法滿足想像力（想像力乃是我們作出文學回應的重要元素），而導演越嘗試運用特技效果或細緻燈光，最終似乎就會更令人失望。不過，這不是說電影不可能極富想像性——只是你必須發展觀看的新解釋技巧，那與你坐在椅子上看書是很不同的。電影是一種不同的文本。

我們身為「傳統」詮釋學的學生，應怎樣回應這些於文本性上的發展？或者，同時也承認這些發展帶有的倫理含義（例如，當我們將「身體」看作是「文本」）？我前面簡略提到**網際空間**的觀念，此處甚至無法開始探索那觀念所帶來的詮釋學含義。無論如何，有趣的是，我們的電腦模擬我們書寫和閱讀的傳統文本格式（例如，我寫到這些字時，電腦告訴我這是第八十七頁！），但我們不再可如以往一樣翻開書頁，亦不可同時把一大堆不同的書籍放在桌上，作即時參考之用。使用電腦來閱讀和寫作，成了一門新藝術，將會要求新的詮釋學洞見。

我們看過種種以不同方式發展出來的傳統技巧，它們是否足以完成新任務？還是，我們不得不發展新技巧，來應付這些新挑戰？始終，士來馬赫看詮釋學為一門藝術。隨著新的藝術形式發展出來，我們是否需要發現可解釋那些藝術形式的詮釋學藝術？

五十年前，美國抽象表現派畫家波洛克（Jackson Pollock）首次展出他偉大的「噴滴」（drip）畫時，藝術評論家只能啞口無言，他們找不到言語來解釋那種「文本」。現在，很多人會認為波洛克的作品是極有宗教色彩的藝術品——是宗教文本。很多人經歷到那感覺，覺得那些畫作不知何故很「屬靈」，而那種感覺已逐漸被轉化成一種鑑別言語，以表達出那些畫作的神祕性。所有偉大的文本首次與我們相遇時，都必會發生那種過程。

總結

我們可以歸納這一章的重點如下：

1. 詮釋學敏感於文化和科技的轉變。文本的詮釋（甚至是古老的文本）永不會靜止。
2. 閱讀一些受聖經影響的現代文學，對我們今天理解聖經十分重要。
3. 當代「解放」的詮釋學允許新的閱讀方式——以及新的責任。
4. 最少對西方世界而言，世界現在明顯呈現「後殖民」時期，詮釋學必須對其中的**政治**轉變保持敏感。
5. 「文本」的觀念不再只限於寫在書頁上的文字，也延伸到圖畫、電影，甚至人體本身的「文本性」。這種觀念的延展也必影響到閱讀和解釋的概念和實踐。

活動和問題

1. 英國詩人布萊克（William Blake，1757 ～ 1827）於〈值得紀念的奇想〉（"A Memorable Fancy"）一文中寫到：「先知以賽亞和以西結與我一同吃飯，我問他們，他們何以如此大膽，宣稱上帝向他們說話；何以他們那時不會覺得自己可能是誤解了，因而把意思強加（imposition）了進去。」

   請細心分析上文，關於詩歌／神聖的感動，當中提出了甚麼觀點？布萊克作為詩人，是否宣稱自己與聖經的先知**等同**？若是的話，布萊克這樣做是否合理？為甚麼先知需要害怕誤解意思？你認為上文「強加」這字是指到甚麼？

2. 下文摘引自埃克薩姆（J. Cheryl Exum）的著作《構想、拍攝及繪畫：聖經女性的文化表達》（*Plotted, Shot and Painted: Cultural Representations of Biblical Women*），那出自書中其中一章論到何西阿書，題目是〈先知色情文學〉（"Prophetic Pornography"），它指到何西阿書二章 9 至 10 節所提到，由於以色列隨從別神，與別神「行淫」，耶和華威脅要使她赤身露體，「在她所愛的眼前顯露她的醜態」。埃克薩姆寫道：

   > 我想分析一種尤其害人不淺的形式，就是聖經的女性暴力。施暴者不是集體（像是攻城掠地的軍隊）或個別的「惡男人」，卻是上帝自己：那性暴力中，上帝看來是主體，而受害的客體就是擬人化的以色列／猶大／耶路撒冷。事實上，就算這是形而上的暴

> 力，仍不會減低那樣做的罪惡程度。（Exum, *Plotted, Shot and Painted*）

你會如何回應這說法？上文會否激起你為何西阿書作出辯護？還是，你打算從新的角度，或是從鑑別的角度，再次閱讀何西阿書？你覺得埃克薩姆教授的話是構成威脅，還是帶來釋放？你對作者本人又有甚麼看法？

3. 參下文：

> 魔鬼引誘我們弄瞎心眼，腦袋閉塞，他著實應要被釘十字架，但要小心不要讓他的助手前來把他從十字架上解下來，以成就那在地上為人類建立地獄的使命。（Ngũgĩ, *Devil on the Cross*）

從上文中，你是否看到作者**暗地裏**評論福音書的受難敍事？你認為此處的魔鬼**是**誰？這種文學怎樣與聖經連上關係（請記得恩古吉是小說家）？

4. 下文出自一位現代學者和聖經鑑別學者的著作，是一個關於身體的默想，特別是反省基督徒對十字架上基督身體的注重，因基督教是**道成肉身**（字面意思是「**體現**」〔embodied〕）的宗教，基督的身體就成為基督教的中心。請仔細閱讀下文：

> 我的父親也是屠夫，並喜愛加上薄荷醬來吃羊羔。我小時候的世界很小，從我們街頭那

> 所用花崗岩建成的贖主教會（Redemptorist church），至到看守街尾的屠房。救贖、贖罪、祭牲、屠殺……那時利默尼里克（Limerick）沒有中央屠房，屠夫都要自己屠宰。我記得那些勾子、刀子、切肉刀，牲畜眼裏的懼色；我自己沒有表露的害怕；電棒上沾上一層油脂；牲畜被電擊後，軟軟倒在地上，喉嚨被割破；盤子盛著血，屍體被剝皮，取出內臟；木盤溢出腸子，地板上一片血紅，散佈殘肢。我又記得有一次耶穌受難節，有一位贖主教會的牧師向我們極其仔細重述我們仁慈的救主被人用釘子刺穿手和腳時，所感受到的極大痛苦。釘十字架、釘十字架、釘十字架……說來奇怪，並非別的場面，而是牧師不斷用憂鬱的語氣重複這話，終於叫我昏倒。我父親扶起我來，我懷著感恩的心，在教會的梯級上嘔吐。（Stephen D. Moore, *God's Gym: Divine Male Bodies of the Bible*）

你會如何回應上文？作者想要説甚麼？上文怎樣講到某些基督徒對人的身體的態度？

5. 你認為福音書所描寫的耶穌可否成為一流的電影角色？電影上已出現很多不同版本的「基督生平」，有些非常敬虔，有些卻令人反感或惡意中傷。那些「基督生平」與正典四福音的文本有何關係？

結論

神聖文本和著作的未來

本書大部分內容著重探討閱讀聖經的方法。猶太教徒和基督徒會以不同的方式閱讀聖經的文本，他們都會認為聖經某程度上是非一般的，與別不同的，甚至分別為「聖」的。伊斯蘭教作為另一來自偉大「亞伯拉罕」的宗教，《可蘭經》也可找到聖經故事。不同的宗教傳統有很多不同的神聖或聖潔文本，更別説那些從古代文化倖存下來的文本，像《吉加墨詩史詩》(*Epic of Gilgamesh*)，那些文本的宗教傳統早已泯滅及遺失在時間之中。

這類典籍各自從不同的方式，表現極強大的生存和適應能力。正如我們已看過路德以及在歐洲印刷術的發明，這類典籍往往能夠成功地善用科技的發展。

不過，我們不只是關注這類文本。另一些教科書已詳盡描述了聖經解釋的歷史，雖然我們也收納了一些那段歷史的故事，但我們寫作目的卻是非常不同。本書著重閱讀的活動本身，又注視幾千年來人們怎樣了解和從事閱讀的活動。我們本可以限制自己只著眼**文學詮釋學**（literary hermeneutics），但若是這樣，便會比我們在本書中已涉及到的研究範圍更為狹隘。我們也肯定會關注其他文學如何被人閱讀，及如何在演出中被人接收，例如荷馬的史詩、埃斯庫羅斯（Aeschylus）和沙孚克理（Sophocles）的偉大悲劇、維吉爾的《埃涅伊德》（*Aeneid*）、但丁的《神曲》（*Divine Comedy*），或莎士比亞的戲劇等。現代文學理論所探索的範疇，像形式主義（formalism）、讀者回應鑑別學、結構主義（structuralism），及記號學等，我們亦非一屑不顧。實際上，我們隱含地探討了很多這些題目，但我不打算糾纏於專門術語，而如果你想走那一條路的話，市面上有很多出色的文學理論教科書可供參考。珍朗德認為文學詮釋學有四個目標：

1. 分析某一文學作品或一系列作品
2. 分析那種解釋的方法和效果
3. 研究文本溝通的結構
4. 反省我們世界中不斷轉變的解釋情況（Jeanrond, *Theological Hermeneutics*）

不過，聖經作為文本，可以說是比其他著作更能推動詮釋學在西方文化的發展，透過集中研究聖經，我們便已發現，文本的理解及**一切文學**的閱讀，都具有潛在的神學關注。幾乎我們至此所研究的詮釋者，他們根本的關注都是要確保我們正確閱讀上帝的話語，而他們的處理方法也從不同方式引導了我們一切的閱讀。詮釋學是徹底屬於神學的研究工作，而即使我們所生活的這世紀，它看待神學的方式與奧古斯丁、阿奎那或路德等人的方式截然不同，但當我們糾纏各樣關乎寫作中的真理、文本或其作者的靈感、語言的起源等問題時，前人曾作出的研究仍影響到我們一切的閱讀。

不過，隨著如互聯網等現象越來越普及（不過，就像中世紀時的書籍一樣，電腦仍是相對受過教育和富裕的人才能擁有），網際空間和資訊科技的夢魘改變了我們對**實在**的感覺（時空的感覺），變成**超實在**（hyperreality，沒有時空存在），書籍（書寫的文字）和其解釋歷史的未來可會怎樣？我們被資訊科技提供的資料嚇倒了，發覺越來越難以運用鑑別的方法區別資料的來源。換句話說，我們需要一種新的詮釋學，以重尋我們的辨識力，因那正是詮釋學著手要進行的任務——當我們要選擇不同的意思，或選擇是否相信正典四福音的真理（馬太福音、馬可福音、路加福音、約翰福音），或是不少「次經」福音書的宣稱時（《多馬福音》、《巴拿巴福音》、《彼得福音》等），詮釋學給我們指引。

若要大膽回答這一切問題，大概言之過早。早至一九六〇年代，德里達和羅蘭．巴特（Roland Barthes）等後現代評論家已估計「書本的結局」，因寫作和文字變遷紛亂，書本的秩序已蕩然無存。可是，至少仍屬於偉大亞伯拉罕傳統的我們，乃是聖經和聖道之民，而作者的說話仍然擁有大能力，令人可畏，因而仍要被理解。當俄羅斯基督教詩人瑞辛絲卡雅（Irina Ratushinskaya）因寫下自己的詩（被形容為「反蘇聯的煽動宣傳品」），而遭到單獨囚禁，但她仍繼續寫作，匆匆寫出給丈夫的詩《鉛筆信》（*Pencil Letter*），縱使她從不奢望她的丈夫或任何人會讀到她的詩：

> 我知道不會有人收到這詩，
> 也不會有人送出。我一寫好這詩，
> 這張紙就會馬上變成碎片。
> 後來。有時。你會變得習慣了，
> 閱讀那從沒有送達你手上的詩行，
> 便明白一切。
> （Ratushinskaya, *Pencil Letter*）

瑞辛絲卡雅在監獄中寫作，她沒有理由相信她用來寫作的碎紙竟然可以保存過來，並送到她的丈夫手上給他閱讀。不過，文本卻是有這般能耐，令人難以置信，而現在我們可讀到這詩，能以正確解釋這詩，全有賴於這詩本身和作者的精神。

我們上一章已看過，今天詮釋學面對重大挑戰。但一如既往，詮釋學根本上仍是一種理解活動，又是叫我們花上所有智力和靈性的倫理要求。有些人說，後現代和其先知海德格已將我們一直追溯源自西方的偉大傳統置之死地。當然，那只是其中一種傳統，其他文化中還有其他傳統，我們幾乎不曾接觸過的。

你認為將來可會如何？我們能否只管研究我們的書，如常生活，盼望這一切後現代的胡說和其所帶來的後果，以及這一切新科技，有一天將會過去？我們從前人的身上學到了很多，但這是否意味我們已找到所有答案？還是，我們會否改良自己的閱讀程序，且無懼新思潮、新文化帶來的挑戰，繼續解釋聖經和其他書籍？

你會怎樣想？

最後的問題

1. 以下是兩段很著名的經文解釋，第一段出自聖經本身，是解釋馬可福音四章 14 至 20 節中的撒種比喻，借耶穌的口說出來：

> 撒種之人所撒的就是道。那撒在路旁的，就是人聽了道，撒但立刻來，把撒在他心裏的道奪了去。那撒在石頭地上的，就是人聽了道，立刻歡喜領受，但他心裏沒有根，不過是暫時的，及至為道遭了患難，或是受了逼迫，立刻就跌倒了。還有那撒在荊棘裏的，就是人聽了道，後來有世上的思慮、錢財的迷惑，和別樣的私慾進來，把道擠住了，就不能結實。那撒在好地上的，就是人聽道，又領受，並且結實，有三十倍的，有六十倍的，有一百倍的。

第二段是奧古斯丁解釋路加福音好撒馬利亞人的比喻，見於他的《關於馬太福音及路加福音的問題》（*Quaestiones Evangeliorum*, II, 19）：

> **有一個人從耶路撒冷下耶利哥去**；這是指到亞當；**耶路撒冷**是和平的天城，亞當從那裏的祝福中墮落；**耶利哥**指到月亮，象徵我們必死，因月有陰晴圓缺；**強盜**是魔鬼和他的

天使。**他們剝去他的衣裳**，即是奪去亞當的永生；**打他**，即是藉著引誘使他犯罪；**把他打個半死，就丟下他走了**，因為當人能理解和認識上帝，他是活的，但當人被罪消耗及壓迫，他是死的，因而稱他作**半死**。經過他的身邊又離開了的**祭司**和**利未人**，象徵舊約的祭師制度和事奉，它不能帶來救恩。**撒馬利亞人**的意思是守衛，因而那名字是象徵主自己。**包裹傷處**，即是制止罪。**油**是美好盼望所帶來的安慰；**酒**是勸人以火熱的心作工的訓詞。**牲口**是主的肉身，他紆尊降貴，來到我們中間。**騎上那牲口**，就是相信道成肉身的基督。**客店**就是教會，天路客朝聖後，回天國途中，就在那裏歇息。**次日**是主復活之後。**二錢銀子**是愛的兩大律例（譯按：愛上帝和愛人如己），不然就是指到今生和來生的應許。**店主**就是使徒保羅。額外的費用是他奉勸人守獨身，不然就是指到他親手作工，免得成了任何軟弱弟兄的重擔，因福音還是新的，雖然按律法來說，保羅確是可以「靠福音養生」。（摘引自 C. H. Dodd, *The Parables of the Kingdom*）

這兩種寓意閱讀有甚麼優點和弱點？

2. 從哪些方面來說，你認識了詮釋學後，可叫你成為更佳的讀者？你認識了詮釋學後，能否幫助你更清楚理解聖經？

參考書目

Abrams, M. H. *Natural Supernaturalism: Tradition and Revolution in Romantic Literature*. New York: W. W. Norton & Co., 1971.

Aristotle. *On the Art of Poetry*. Translated by T. S. Dorsch. In *Aristotle, Horace, Longinus: Classical Literary Criticism*. Harmondsworth, Middlesex: Penguin, 1965.

Atwood, Margaret. *The Handmaid's Tale*. 1985. London: Vintage, 1996.

Augustine. *City of God*. Translated by Henry Bettenson. Harmondsworth, Middlesex: Penguin, 1972.

______. *Confessions*. Translated by R. S. Pine-Coffin. Harmondsworth, Middlesex: Penguin, 1961.

Barth, Karl. *The Epistle to the Romans*. Translated from the 6th ed. by Edwyn C. Hoskyns. 1933. Oxford: Oxford University Press, 1968.

Beckerlegge, Gwilym, ed. *The World Religions Reader*. London and New York. Routledge, 1998.

Blake, William. "A Memorable Fancy." 1790. Reprinted in John Drury, ed., *Critics of the Bible, 1724~1873*. Cambridge: Cambridge University Press, 1989.

Bruns, Gerald L. *Hermeneutics Ancient and Modern*. New Haven, Conn., and London: Yale University Press, 1992.

Byatt, A. S. *Babel Tower*. London: Vintage, 1997.

Carroll, Lewis. *Alice's Adventures in Wonderland* (1965); *Through the Looking Glass* (1971). In *The Annotated Alice*, edited by Martin Gardner. Harmondsworth, Middlesex: Penguin, 1970.

Chladenius, Johann Martin. *Introduction to the Correct Interpretation of Reasonable Discourses and Writings*. 1742. In *The Hermeneutics Reader*, edited by Kurt Mueller-Vollmer. Oxford: Blackwell, 1986.

Coleridge, Samuel Taylor. *Confessions of an Inquiring Spirit*. 3d ed. 1853. Philadelphia: Fortress Press, 1988.

Cross, F. L., and E. A. Livingstone, eds. *The Oxford Dictionary of the Christian Church*. 3d ed. Oxford: Oxford University Press, 1997.

Culler, Jonathan. *Saussure*. London: Fontana, 1976.

Derrida, Jacques. *Of Grammatology*. Translated by Gayatri Chakravorty Spivak. Baltimore and London: Johns Hopkins University Press, 1976.

Dodd, C. H. *The Parables of the Kingdom*. Rev. ed. London: James Nisbet, 1961.

Eckhart, Meister. *Selected Writings*. Translated by Oliver Davies. Harmondsworth, Middlesex: Penguin, 1994.

Eliot, T. S. *Selected Essays*. 3d ed. London: Faber and Faber, 1951.

Elwood, Christopher. *Calvin for Armchair Theologians*. Louisville, Ky.: Westminster John Knox Press, 2002.

Erasmus, Desiderius. *The Essential Erasmus*. Translated by John P. Dolan. London: New English Library, 1964.

Exum, J. Cheryl. *Plotted Shot and Painted: Cultural Representations of Biblical Women*. Sheffield: Sheffield Academic Press, 1996.

Fish, Stanley. *Is There a Text in This Class? The Authority of Interpretive Communities*. Cambridge, Mass: Harvard University Press, 1980.

Frei, Hans W. *The Eclipse of Biblical Narratives: A Study in*

Eighteenth and Nineteenth Century Hermeneutics. New Haven, Conn., and London: Yale University Press, 1974.

Gosse, Edmund. *Father and Son: A Study of Two Temperaments*. 1907. Harmondsworth, Middlesex: Penguin, 1976.

Grant, Robert M. with David Tracy. *A Short History of the Interpretation of the Bible*. Philadelphia: Fortress Press, 1984.

Habermas, Jürgen. *The Philosophical Discourse of Modernity*. Translated by Frederick Lawrence. Cambridge: Polity Press, 1987.

Handelman, Susan A. *The Slayers of Moses: The Emergence of Rabbinic Interpretation in Modern Literary Theory*. Albany: State University of New York Press, 1982.

Hartman, Geoffrey H. "The Struggle for the Text." In *Midrash and Literature*, edited by Geoffrey H. Hartman and Sanford Budick. New Haven, Conn., and London: Yale University Press, 1986.

Jeanrond, Werner G. *Theological Hermeneutics: Development and Significance*. London: Macmillan, 1991.

Jobling, David, Tina Pippin, and Ronald Schleifer, eds. *The Postmodern Bible Reader*. Oxford: Basil Blackwell, 2001.

Kant, Immanuel. "An Answer to the Question: 'What Is Enlightenment?' " 1784. In *Political Writings*, 2d ed., edited by Hans Reiss. Cambridge: Cambridge University Press, 1991.

Klemm, David E. *Hermeneutical Inquiry*. Two volumes. American Academy of Religion Studies in Religion, 43, 44. Atlanta: Scholars Press, 1986.

Kocklemans, Joseph J. *On the Truth of Being: Reflections on Heidegger's Later Philosophy*. Bloomington: Indiana University Press, 1984.

LaCocque, André and Paul Ricoeur. *Thinking Biblically: Exegetical and Hermeneutical Studies*. Translated by David Pellauer. Chicago and London: University of Chicago Press, 1998.

Lowth, Robert. *Lectures on the Sacred Poetry of the Hebrews*. 1753. English translation by Richard Gregory, 1787. Extracts in *Critics of the Bible, 1724~1873*, edited by John Drury. Cambridge: Cambridge University Press, 1989.

Luther, Martin. *Table Talk*. Translated by William Hazlitt. London: Fount Paperbacks, 1995.

Moore, Stephen D. *God's Gym: Divine Male Bodies of the Bible*. New York and London: Routledge, 1996.

Moule, C. F. D. *The Birth of the New Testament*. 2d ed. London: Adam & Charles Black, 1966.

Neusner, Jacob. *What Is Midrash?* Philadelphia: Fortress Press, 1987.

Ngũgĩ wa Thiong'o. *Devil on the Cross*. 1982. London: Heinemann, 1987.

Page, Nick. *The Tabloid Bible*. Louisville, Ky.: Westminster John Knox Press, 1998.

Plato. *The Phaedrus and Letters VII and VIII*. Translated by Walter Hamilton. Harmondsworth, Middlesex: Penguin, 1973.

Ratushinskaya, Irina. *Pencil Letter*. Newcastle-upon-Tyne: Bloodaxe books, 1998.

Ricoeur, Paul. *Figuring the Sacred: Religion, Narrative and Imagination*. Translated by David Pellauer. Minneapolis: Fortress Press, 1995.

______. *Oneself as Another*. Translated by Kathleen Blamey. Chicago and London: University of Chicago Press, 1992.

______. *The Symbolism of Evil*. Translated by Emerson Buchanan. Boston: Beacon Press, 1969.

Schweitzer, Albert. *The Quest of the Historical Jesus*. 1906. Edited and translated by John Bowden. London: SCM Press, 2000.

Stevenson, J., ed. *A New Eusebius: Documents Illustrative of the History of the Church to A.D. 337*. London: S.P.C.K., 1960.

Sugirtharajah, R. S. *Postcolonial Criticism and Biblical Interpretation*. Oxford: Oxford University Press, 2002.

Thomas à Kempis. *The Imitation of Christ*. Translated by Leo Sherley-Price. Harmondsworth, Middlesex: Penguin, 1952.

索引

八劃

九劃

十劃

十一劃

十二劃

十三劃

緊扣時代 服事教會

以文字傳揚基督真道

讀者意見表

衷心多謝你購買本社書籍。本社一直致力以出版事工服事教會，幫助信徒扎根於神的話語，促進靈命增長。為使我們的出版更能滿足你的需要，請填寫下列各項資料，並寄回或傳真予本社。

所購書籍：____________________

本書最吸引你的地方：
□作者 □適切性 □文筆 □設計 □實用性
□其他：____________________

購買本書地點：
□基道書樓 □基督教書店 □非基督教書店

性別：□男 □女 職業：____________________

信仰：□基督徒 □非基督徒

年齡：□ 16 歲或以下 □ 17～25 歲 □ 26～35 歲
□ 36～55 歲 □ 56 歲或以上

學歷：□中三或以下 □中五 □預科
□大學 □研究院

□我欲更多了解基道出版社的事工及考慮支持，請寄給我下列資料：
□機構簡介 □新書資料 □基道會員通訊
□《基道文字事工通訊》

姓名：____________________電話：____________________

地址：____________________

____

傳真：____________________ 電子郵件：____________________

其他意見：____________________

____

多謝賜教！

基道出版社

意見表可以傳真（2687-0281）或直接郵寄以下地址：
香港沙田火炭坳背灣街26號富騰工業中心1011室
基道出版社編輯部收